子育て罰

「親子に冷たい日本」を変えるには

末冨芳　桜井啓太

光文社新書

はじめに

「子育て罰」をなくしたい。

子どもと、子育てをする親たちに、やさしい日本になってほしい。


いま、この本を書いている私の思いです。

「子育て罰」という言葉に、ぎょっとしてこの本を手に取られた方もおられると思います。

実際、日本は子どもを持つ世帯に冷たく厳しい国なのです。政治や社会が子どもと親に罰を課していると言うべき状況です。子どもと子育てする親たちにやさしい日本になるためには、まずいまの日本の悪いところに向き合って、良くしていく必要があります。

子どもと子育て世帯に冷たく厳しい日本の現状と、なぜそんな国になってしまったのかを考えるため、この本ではあえて「子育て罰」という厳しい言葉を使っています。そして、どうしたら日本という国が、子どもや親にやさしくあたたかい国になれるのかを考えていきたいのです。

◆児童手当の特例給付という「子育て罰」、票取り道具としての「こども庁」

２０２０年11月６日、「児童手当の特例給付、廃止検討　待機児童解消の財源に」（産経新聞）という報道が流れました。高所得子育て世帯が受け取れる児童手当（高所得層の場合、子ども１人年６万円）をなくして、待機児童の財源にしてしまおうというのです。

この報道に、私は怒りを禁じえませんでした。菅義偉《すがよしひで》総理大臣は、10月26日の所信表明演説で「長年の課題である少子化対策に真正面から取り組み、大きく前に進めてまいります」と強調しました。その所信表明演説のわずか11日後に打ち出された高所得子育て世帯の児童手当廃止の方針に、これまでの自民党政権の総理大臣と同様に、本気で少子化を解消する気がないのだと感じたからです。

もともと日本の子育て層は、年金・社会保険料の負担が高齢者世代より高いうえ、子どもまで育てて国に貢献しているのに、児童手当や授業料無償などの恩恵を十分に受けることができていません。子どもを産み育てるほどに生活が苦しくなっていく、子育てをしながら頑張って働いている中高所得層ほど追い詰められる、「子育て罰」の国なのです。

　中高所得層の児童手当を削って待機児童対策にまわすことは、子育て世代内部での分断を深め、親の所得によって子どもが差別される、分断と排除の政策でもあります。

　とくに２０２１年度現在に小学校３年生以上の子どもを持つ世代は、幼児教育の無償化の恩恵をまったく受けていないため、純粋な負担増になる「はずれくじ世代」となってしまいます。また、いったん高所得層の児童手当を削れば、そのうち、中所得層の児童手当も削られることになるはずです。以前から財務省はその方針を打ち出していました。つまり、財務省は子育て罰をどんどん厳罰化しようとしているのです。

　さらに、自民党と官邸によって２０２１年４月から始まった「こども庁」構想による総理、官邸、一部の自民党幹部の子どもの政治利用にも、怒りを禁じえません。ヒトもカネも増やさずに作る「こども庁」は、子どもを票取りの道具に使っているようにしか見えないからです。５月18日には、「こども庁」創設より、子どもと子育てする親のための財源確保が最優先であることを、参議院内閣委員会で児童手当法改正の参考人参議院の証人として証言もしました。

◆低所得子育て世帯こそ「子育て罰」の最大の被害者

「子育て罰」は、中所得層や高所得層の問題だけではありません。そもそも「子育て罰」とは、労働政策や家族社会学の研究者によって指摘されてきた、とくに低所得の子育てする親にあまりに厳しい状況を批判する概念[1]です。

詳しい定義は第2章で、「子育て罰」という訳語を生み出した社会福祉学者の桜井啓太さんに解説をしていただきますが、ごく簡単に言えば、子育てする保護者はそうでない大人に比べて賃金が低く、貧困に陥りやすいという課題を表現する「child penalty（チャイルド・ペナルティ）」という概念がベースになっています。とくに低所得子育て世帯に対する所得再分配が「冷遇」とも呼べる厳しい状況であることを批判しており、ポイントをわかりやすく説明すると以下のようになります。

・日本では所得再分配政策がもともと低所得層（とくに子育て中の働く低所得層）に不

> 利という意味で逆進的である。
> ・とくにひとり親世帯への再分配は政策的に失敗している。
> ・日本は先進諸国の中でひとり親世帯の貧困率が突出して高く、シングルマザーに猛烈に厳しい国である。

近年の自治体の子どもの貧困調査や支援団体の調査では、低所得層はひとり親だけでなく、２人親もまた非常に厳しい生活を強いられていることもわかっています。ひとり親が受けられる児童扶養手当は、２人親世帯だと受けることができません。

内閣府が２０２０年９月に発表した「子供の貧困の状況」によると、子育て世帯の16・９％が食料を買えない経験を、20・９％が衣服を買えない経験をしており、衣食住にも不自由する厳しい状況が明らかになっています。

低所得層もまた、国に税・年金等を取られていても、政府の所得再分配の失敗のために十分な支援を受けられず、そのために食事や服すら満足に買えないのです。もはや所得で判断する「相対的貧困」ではなく、衣食住すら保障されない「絶対的貧困」に近い状態に追いこ

図0-1　自国は子どもを産み育てやすい国か

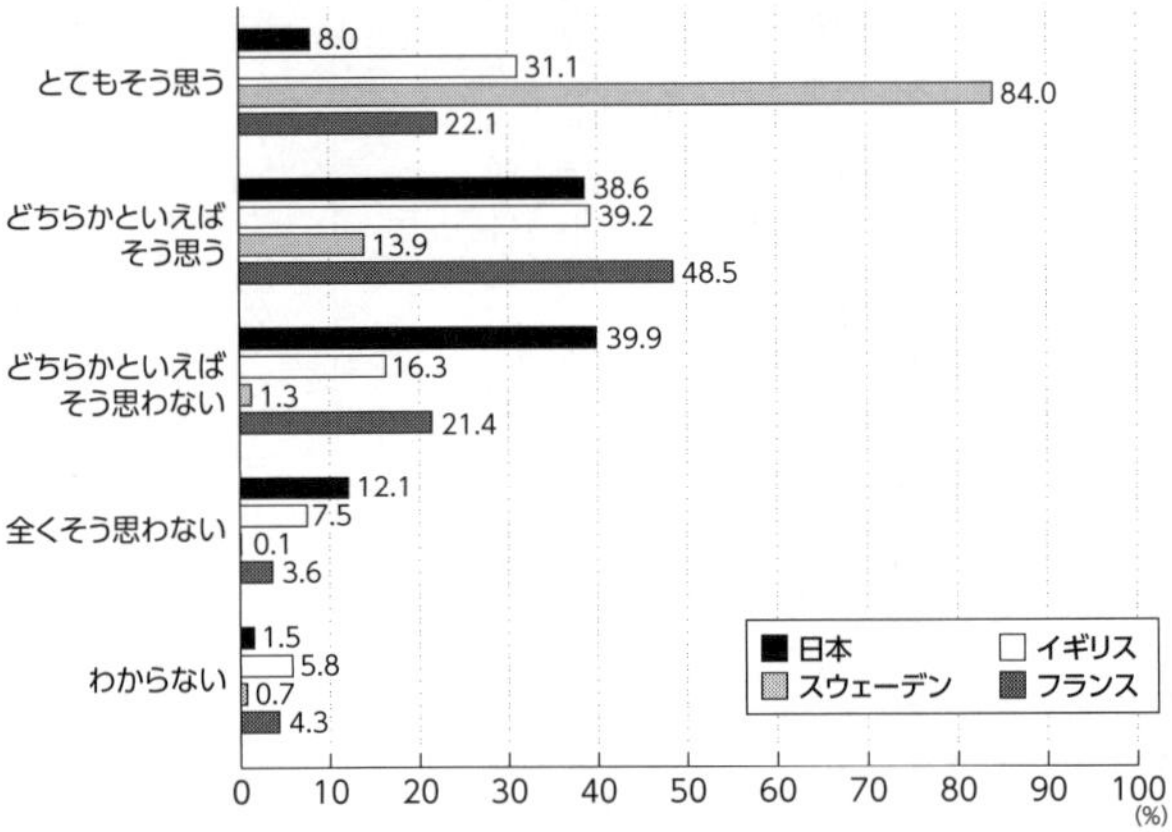

出典：内閣府「少子化社会に関する国際意識調査報告書」（2015）

まれていると言えます。

◆国民の半数が「子どもを産み育てやすい国ではない」と考える日本

こんな国で子どもを産み育てたいと思うでしょうか？　図0−1の「平成27年度少子化社会に関する国際意識調査報告書」では、「子どもを産み育てやすい国かどうか」について、日本では「そう思わない」（どちらかといえば＋全くそう思わない）が52％と、調査対象となった日英仏スウェーデンの中で唯一、否定的回答が過半数となった国でした。

同じ設問について、イギリスは23・8％、フランスは25％、スウェーデンは1・4％にすぎなかった状況とは対照的です。

このままでは、所得にかかわらず、日本はどんどん子育てしづらい、子どもが生まれない国になっていきます。いますぐに、「子育て罰」を止めないといけません。子どもが生まれなくなれば、日本という国に未来はないからです。

◆本書の概要

第1章では、「子育て罰」の概要について説明します。日本がいかに子育て層に冷たい社会であるか、子育て層に「罰」を課す政治であるかを、3つの政治的要因について具体例をあげて指摘します。そのうえで、児童手当を含め、子どもや親に冷たく厳しい子育て罰の国・日本の状況を、他の先進国との比較や研究者・支援団体の調査・分析から明らかにしていきます。また、児童手当の廃止問題について、高所得層だけでなく中所得層も狙われると私が考える根拠も提示します。

第2章では「child penalty」を「子育て罰」と訳出した桜井啓太さんに、「子育て罰」のもともとの定義と現在の意味について解説していただきます。また、貧困層の問題、とくに低所得のひとり親が一生懸命働いても食べることすら満足にできない状況や、支援政策の課題を描き出します。

第3章では、とくに1960年以降の日本社会が子育てを「自己責任」とし、親がすべての子育て費用を負担する「親負担ルール」と、「理想の子どもイデオロギー」によって親を追い詰めてきた経緯について解説します。そして、日本から子育て罰をなくすためにはどうしたらよいか、治療法を提示していきます。

第4章では、教育学の研究者である私と、社会福祉学の研究者である桜井啓太さんの対談を通じ、子育て支援政策、子どもの貧困対策、労働や賃金の課題、政治の課題、日本人が子どもにやさしくなるためには、などの視点から考えていきたいと思います。子育て罰をなくし、子ども・子育て世帯にやさしくあたたかい国になるための「子育てボーナス」についても考えます。

第5章では、「子育て罰」をなくすために必要な政策、「こども庁」をめぐる与野党の政策提案、そして総理、官邸の子どもの政治利用を整理します。

◆なぜ教育学の研究者が「子育て罰」を語るのか？

本論を始める前に、私自身の自己紹介をしておきます。先述のように、私の研究者としての専門は教育学です。とくに教育費問題や教育財政など、教育とお金を中心的なテーマとして活動してきました。また、2人の子どもを育てる母親でもあります。

2014年から内閣府・子供の貧困対策に関する有識者会議構成員として、子どもの貧困政策に関する専門性を高める中で、研究者としても親としても、この国の子ども・子育て世帯への冷たさを身にしみて感じてきました。2020年11月の児童手当の特例給付廃止報道を見て、「子育て罰」の言葉を自然に思い出したのも、私自身もまた「子育て罰」の被害者だという思いを心のどこかに抱いていたからなのかもしれません。

妊娠中に同僚から怒鳴りつけられたこともあります。駅でベビーカーを蹴られたこともあります。やむを得ない事情で赤ん坊だった子どもを勤務先の大学に連れていったときには、「子どもを大学に連れてくるな」というハラスメントも受けました（この状況はいまは改善されていますが）。

お金の面でも、税・年金・社会保険料を払ったうえに、所得に応じて課される高い保育料、少ない児童手当、家族の介護、夫と遠距離で生活していたことなどもあり、とくに月7万円を保育料として払っていた子どもたちの乳幼児期は、家計のやりくりに四苦八苦でした。勤務先の日本大学の名誉のために申しあげておくと、ちゃんとした賃金水準を保障していただいていますが、その私にして、家計が苦しいという状況を経験しているのです。

また第１子出産のときは、転職と時期が重なったために労働基準法の規定で育児休業を取れませんでした。幸いなことに夫が育児休業を取ることができましたが、母親の転職を前提に設計されていない日本の労働法制の冷たさに愕然《がくぜん》としたものです。

２０１４年初頭に第２子を出産したときも育児休業は取得しませんでした。同年４月に発足した内閣府・子供の貧困対策に関する有識者会議の委員に就任することになっており、わが子と同じ時代を生きるすべての子どもたちが幸せな人生を生きられる国にするため、わずかな力ですが、全力を尽くしたいと考えたからです。

この国から子育て罰をなくしたい。
子どもや親にやさしくあたたかい国であってほしい。

この強い思いを持って、本書を執筆しています。

1　桜井啓太,2019,「〝子育て罰〟を受ける国、日本のひとり親と貧困」（SYNODOS 記事）。
大沢真理,2015,「日本の社会政策は就業や育児を罰している」（家族社会学研究、第27巻第１号）。

「子育て罰」

「親子に冷たい日本」を変えるには

末冨 芳　桜井啓太

目次

はじめに

第2章 「子育て罰」と子どもの貧困

第1章

「子育て罰」を作った3つの政治要因

末冨 芳

１・１　本書における「子育て罰」の定義

第１章では「子育て罰」を生み出した要因のうち、政治に関する３つの要因について、課題と解決策を述べていきます。ここで、「はじめに」でも述べた「子育て罰」の定義をもう一度整理します。

まず「子育て罰」とは、日本が「子どもと子どもを持つ世帯に冷たく厳しい国」である現状をとらえるための概念です。本書では「子育て罰」を、政治や社会が子どもと子育てする親に課す冷たく厳しい仕打ちであり、日本においてなくすべき課題ととらえています。

「子育て罰」は政治と社会によって生み出され、厳しくなってきました。日本の政策は、児童手当などの「現金給付」、教育の無償化などの「現物給付」ともに不十分で、子どもと子育てする親の生活を、所得階層にかかわらずに苦しめています。専門的に言えば、子育て世帯への所得再分配の失敗が「子育て罰」の根本にあり、その背景にある子どもと親に冷たく厳しい政治が、日本で「子育て罰」を生み出してきた最大の要因です。

また、社会や企業も「子育て罰」の拡大に貢献してきました。企業が雇用、賃金、昇進等において女性を差別していることで、子どもを持つ親、とくに母親の就労の不安定化は抜本的には改善されていません。母親に過度の家事育児負担や子育ての責任が期待される日本社会の中で子どもを育てることに、私自身もつねに息苦しさを感じています。

そして、父親も長時間労働や非正規労働の拡大の中で、子育てに参加したくてもできない状況にあります。日本の男性の家事育児参加時間が先進国でもっとも短いことは、あまりにも悪名高い事実です[1]。

母親への過度な期待をする社会。父親の子育て参加を困難にして母親の安定就労を難しくする旧態依然たる企業行動。そして、大学卒業までの子どもの教育にかかるお金は、社会全体ではなく親が負担すべきだという「親負担ルール」[2]。これらすべてが、子どもに冷たく厳しい日本社会を成立させてきた要因なのです。

「子育て罰」の正体：親、とくに母親に育児やケアの責任を押し付け、父親の育児参加を許さず、教育費の責任も親だけに負わせてきた、日本社会のありようそのもの。

1・2 「子育て罰」を生み出してきた政治の3つの課題

「子育て罰」を生み出してきた政治の課題を、私は以下の3つと考えています。

> ① 場当たり主義の政治
> ② 少なすぎる子ども・家族への投資
> ③ 子どもを差別・分断する制度

まず、**①場当たり主義の政治**とは、すべての子どもを大切にする現金給付が民主党政権時代に構想され、その後の自公連立政権で中長期設計なしに中高所得層を切り捨ててきた状況を指します。具体的に言うと、すべての子どもを対象とし、とくに低所得層に手厚かった児童手当制度、また所得制限のなかった高校無償化を、ことあるごとに減らしていった事実です。3～5歳のみの幼児教育の無償化には所得制限はありませんが、それが児童手当配止の

図1-1　「児童手当制度」の変遷（手当支給額・所得制限・扶養控除）

	~2009年（平成21年）	2010年（平成22年）	2011年（平成23年）	2012年（平成24年）	2013年~（平成25年）	2022年（令和4年）
制度名など	旧児童手当	子ども手当	特別措置の子ども手当	現児童手当		
支給額	0~3歳未満 月額10,000円 3歳~小学生 月額 5,000円 第3子以降は 月額10,000円	0歳~中学生 月額13,000円	0~3歳未満 月額15,000円 3歳~小学生 月額10,000円 3子以降 月額15,000円 中学生 月額10,000円	0~3歳未満　月額15,000円 3歳~小学生　月額10,000円 第3子以降　月額15,000円 中学生　月額10,000円 年収960万円以上は特例給付5,000円		
所得制限	所得制限あり（年収860万円まで）→	所得制限なし →		所得制限の復活（年収960万円まで）		特例給付改訂
所得税の年少扶養控除など	控除あり →		年少扶養控除廃止へ 16歳~18歳の特定扶養控除の減額			
※年収960万円以上のケース	所得制限で手当不支給 →	「子ども手当」、ならびに「特別措置の子ども手当」を支給 →		特例給付　1人月額=5,000円		
※年収1,200万円以上のケース	所得制限で手当不支給 →	「子ども手当」、ならびに「特別措置の子ども手当」を支給 →		特例給付　1人月額=5,000円 但し、2022年9月まで		

図1-2　年収別・子どもの年齢別に見た児童手当と所得税控除

子どもの年齢		0歳~15歳	16歳~18歳	19歳~22歳
年収1,200万円以上	児童手当	特例給付5,000円 ※令和4年10月より停止		
	所得税控除	所得金額調整控除	所得金額調整控除 特定扶養控除38万円	所得金額調整控除 特定扶養控除63万円
年収960万円~1,200万円	児童手当	特例給付5,000円		
	所得税控除	所得金額調整控除	所得金額調整控除 特定扶養控除38万円	所得金額調整控除 特定扶養控除63万円
年収850万円~960万円	児童手当	児童手当支給 （0~3歳未満15,000円、3歳~小学校修了10,000円、第3子以降15,000円、中学生10,000円）		
	所得税控除	所得金額調整控除	所得金額調整控除 特定扶養控除38万円	所得金額調整控除 特定扶養控除63万円
年収850万円以下	児童手当	児童手当支給 （0~3歳未満15,000円、3歳~小学校修了10,000円、第3子以降15,000円、中学生10,000円）		
	所得税控除	―	特定扶養控除38万円	特定扶養控除63万円

（注）所得金額調整控除は年収850万円以上を対象に最大15万円を所得控除するもの。所得税は令和２年分から、住民税は令和３年度から適用

出典：ともに内閣府・財務省のホームページより矢田わか子事務所にて作成（2021）

根拠にされています。

子育て世帯や子どもを持ちたい人びとは、高齢世代に比べて高い税・年金・社会保険料を払いながら「いつ児童手当が打ち切られるのか」「教育の無償化が受けられなくなるのか」と、不安を感じながらの生活を強いられています。

図1-1と**1-2**は、国民民主党・矢田《やた》わか子参議院議員事務所が作成した資料です。２００９年、自民党・麻生《あそう》政権の時に８６０万円だった児童手当の所得制限は、旧民主党政権で撤廃されました（**図1-1**）。しかし２０１２年の自民党・第二次安倍《あべ》政権のもとで迅速に復活し、２０２１年現在は麻生政権時代とほとんど変わらない水準です。しかも２０１１年の年少扶養控除の廃止や２０１９年の消費増税もあり、家計は苦しくなっているにもかかわらず、です。**図1-2**には年収８５０万円以上に適用される所得税・住民税を軽減しやすくする所得金額調整控除という制度が示されていますが、これまでに増やされてきた子育て・家計の負担を改善できるほどの支援ではありません。

このように、子どもへの支援は政権によってめまぐるしく変わっています。とくに児童手当の削減は「子育て罰」を象徴する政策と言っていいでしょう。
②少なすぎる子ども・家族への投資とは、そもそも政府が子どもや家族への支出を十分に

していないという構造的な課題です。経済学や社会学を含め、少子化対策や子育て支援をテーマとする社会科学の専門家たちは、この課題こそ改善すべきだと指摘しています。

日本には、この少子化の中で一生懸命働きながら子育てをしている人たちほど、所得にかかわらず負担ばかりが大きくなり、受益が少なくなるという構造的課題があります。政府投資の貧弱さとそれを支えてきた政治が、「子育て罰」を日本に蔓延《まんえん》させてきた元凶と言っても良いでしょう。

③子どもを差別・分断する制度とは、親の数（ひとり親か2人親か）、親の所得（高所得者の子どもか低所得者の子どもか）など、親の属性や、子どもが生まれた年によって子どもが受けられる児童手当や教育に差が生まれる制度です。次節で詳しく述べますが、２０２２年度から高所得層の児童手当が廃止されてしまえば、高所得の親を持つ子どもたち約61万人はなんの支援も受けられず、この国の政策から排除されることになります。

このように、支援制度において、親の属性で子どもを差別・分断する考えの背景には、**子どもは親の従属物・所有物と考える発想**が潜在していると考えられます。

この考え方は、大いに問題です。まず、日本で生まれ育つ子どもたちには、ひとしく支援が行われるべきです。日本国憲法第14条第1項の法の下の平等の考え方では「すべて国民は、法の下に平等であって、人種、信条、性別、社会的身分又は門地により、政治的、経済的又は社会的関係において、差別されない」とあります。しかし、高所得の親を持つ子どもたちは、親の社会的身分（所得）によってなんの支援も受けられないという差別の対象になっています。

つまり、支援政策において子どもと親に理不尽で差別的なルールを適用してしまっている点が、「子育て罰」の要因といえるのです。次節では、この3点について現状を整理し、課題をより明確にしていきましょう。

1・3　場当たり主義の政治：児童手当と教育の無償化の迷走

日本の「子育て罰」がますます大変なことになる、と私が直感したのは、２０２０年11月に「児童手当の特例給付、廃止検討　待機児童解消の財源に」[3]という報道を目にしたときでした。その後、２０２１年２月２日に以下の方針が閣議決定されました。

> **政府は2日の閣議で、一部の高所得世帯の児童手当を廃止する児童手当関連法改正案を決定した。２０２２年10月支給分から対象を絞り、世帯主の年収が１２００万円以上の**

場合は支給をやめる。今国会に提出し、成立を目指す。

（２０２１年2月2日　日本経済新聞）[4]。

この方針のポイントを簡単にまとめると、以下のようになります。

①中学生以下の子どもを対象とした児童手当のうち、高所得者向けの「特例給付」について、世帯主の年収が１２００万円以上の世帯は廃止。
②高所得層の児童手当廃止は２０２２年10月支給分から廃止され、約61万人の子どもがゼロ支援になる。
③高所得層への浮いた財源・年間３７０億円を、新たな保育所整備など待機児童対策に充当する。
④２０２２年度から２０２４年度までで14万人分の保育の受け皿を確保（１年で約４・６万人の待機児童解消財源）

これは、様々な問題のある政策です。まず、児童手当廃止の対象を世帯主の年収１２００

万円以上とすることで、共働き家庭と、専業主婦（夫）家庭との間の格差が生じます。またわずかな収入の差で、子どもが児童手当を受け取れるかどうかの差が生まれてしまいます。

　そして、約61万人の子どもを児童手当支給対象から排除して、約14万人の子どもの保育の受け皿を確保するというのは、合理的な政策とは考えられません。約61万人の子どもたちから児童手当をなくし、親の負担を拡大するという家計への子育てコスト転嫁が発生します。

　そもそも、このことで親子が受けるダメージと、約14万人の子どもたちが保育園に入れる利益とは、同じ天秤にかけて考えてよい問題なのでしょうか。高所得層が子どもを産まなくなれば、少子化加速要因ともなります。児童手当廃止が家計や社会にもたらす負担（コスト）やデメリットと、待機児童解消の利益（ベネフィット）の計算は、自民党内や厚労省等で、きちんとなされたのでしょうか。

　児童手当のシステム改修費だけで約２８９億円かかるとされていますが[5]、これは約61万人の子どもから奪い取った児童手当の約１年分が吹っ飛ぶ計算です。坂本哲志《さかもとてつし》少子化大臣は、「（改修は１回なので）長期的に見れば適切なもの」だと回答されているようですが、だとしたら、高所得層の親と子どもへの「子育て罰」の厳罰化ともいえる児童手当廃止をずっと続けるという、冷たく厳しい政治をしていることになります。

この児童手当廃止法案は２０２１年5月21日、ついに国会で可決されてしまいました。私も第5章に書いた改善策を参議院内閣委員会で報告し、与野党の議員に賛同いただいたものの、菅政権の数の論理に屈し、政治による「子育て罰」を止めることはできませんでした。

そもそも、待機児童のための財源を、子育て世帯への現金給付を削って調整しようとする菅政権の発想自体が、子どもに冷たく厳しい「子育て罰」であると指摘せざるを得ない状況なのです。

◆年収２３９０万円のパワーカップルには年６万円の児童手当

図表１−３は、高所得世帯を3パターンのモデルにし、２０２２年10月以降に高所得子育て世帯の間に発生する不公平な状況をわかりやすく示したものです。なお、実際には我が家のように妻が世帯主（内閣府の説明資料[6]では主たる生計維持者と表現されていますが、ここではわかりやすく世帯主という表記で統一します）、専業主夫世帯など、様々な世帯形態がありますが、表では最多ケースである夫世帯主モデルで整理しています。

一見してわかるのは、モデル1、モデル2の夫が高所得の専業主婦世帯には、夫のわずかな収入の違いで、子ども1人あたりの児童手当に差が生じることです。話をわかりやすくす

図1-3　2022年10月以降の高所得世帯の児童手当（政府見直し案にもとづくモデル）

	夫（世帯主）	妻	世帯年収	子ども1人あたりの児童手当（年額）
モデル1	1,200万円	0円	1,200万円	0円
モデル2	1,195万円	0円	1,195万円	6万円
モデル3	1,195万円	1,195万円	2,390万円	6万円

出典：末冨作成

るために、やや極端なモデルを用いていますが、世帯主の年収が１１９５万円から１２００万円になると、収入が5万円増える代わりに児童手当６万円を失います。

またモデル３の所得制限ギリギリの共働き夫婦で、それぞれが年収１１９５万円の場合には、世帯年収２３９０万円となりますが、児童手当は年６万円受け取れます。

モデル１とモデル３を比べると、年収が１１９０万円も高い高所得パワーカップルの方が、児童手当６万円を受け取れるという、とても不公平な仕組みです。

こうした状況に対し、子育て世代の不満と不安が噴出しています。次にあげた2つのコメントは、Yahoo! ニュースへのコメント欄に寄せられた現役子育て世代からの投稿です。

子ども四人います。
児童手当は一人５０００円です。

所得が多くてもほとんど税金にもってかれていて食費は月に７万くらいです。

正直毎月キツイです。

所得制限で私立の補助制度も受けられません。

児童手当は学費のため貯金してましたが削られてしまったら、今後が不安でしかないです。私たちばかり削らず自分たちも削ったらどうでしょうか？

所得が多いイコールお金持ちではないです。


共働きで世帯年収１０００万円、３人子供がいて、高校無償化の恩恵も全く受けられず、これならひとり親家庭になったほうがよっぽど良い。児童手当まで受けられないなんて。

たくさん納税しているのに、子どもの望む教育を我慢させなければいけないなんて…。

離婚届出すべきか…本気で悩んでいる家庭はうちだけではない。

（ともに Yahoo! ニュース「児童手当の特例給付、廃止検討　待機児童解消の財源に」へのコメント）


また、働くカップルの就労意欲をそいでいるという点でも大問題です。所得の減少は消費の減少につながり、ＧＤＰ縮小や景気後退の原因ともなるからです。私自身も、仕事、子育て、そして介護を同時にこなしてきました。子どもにまったく支援がないなら、なんのために働いているのかと無力感に襲われることもあります。

Business Insider の記者・竹下郁子《たけしたいくこ》さんの記事では、医療従事者の女性が次のように話していました。

児童手当をあてにできなくなるかもしれないなんて、考えたこともなかった。怒りで一晩眠れませんでした。

歯を食いしばって仕事と子育てを両立させ、管理職にもなったのに、働けば働くほど損をする制度なら、時短勤務にするか、いっそ仕事を辞めようかと正直、悩んでいます。

（「年収１２００万円以上の児童手当廃止は『働き損の子育て罰』。キャリア断念、産み控え、仮面離婚考えた夫婦も」２０２０年12月16日 Business Insider 記事）

◆低所得子育て世帯への「現金給付」も不十分

そもそも、現金給付政策に厳しいのが自民党の子ども・子育て政策の特徴です。高所得層だけでなく、低所得層にも厳しいのです。

２０２０年の内閣府の資料では、子育て世帯の16・9％が食料を、20・9％が衣類を買えなかった経験があると回答しています[7]。衣食住の基礎的な生活ニーズすら満たせない状況を「絶対的貧困」といいますが、日本にも「絶対的貧困」や飢餓問題は存在しています。

私は、２０１４年の子供の貧困対策に関する大綱の制定のときから内閣府・子供の貧困対策に関する有識者会議の構成員として、子どもの貧困問題をなんとかしたいと頑張ってきました。なぜ衣食住にすら不自由する子どもや親が日本にいるのかというと、子育て世代に厳しい所得再分配（徴税する代わりに社会保障給付などをして家計所得を調整する制度）になってしまっているからです。

図1−4、**図1−5**は、所得再分配前後の貧困率のデータを、男女別に示したものです[8]。２０１８年の調査であり、幼児教育と私立高校の無償化前のデータであることに留意する必要はありますが、幼児教育の無償化前から低所得世帯の保育料は無料であったため、乳幼児期の子どもの貧困率は大きく改善しないと予測しています。

所得再分配前の貧困率（各年代のグラフの左側）に比べて再分配後の貧困率（各年代のグラフの右側）が下がっていれば、政府による所得再分配によって貧困が改善していることになります。低所得子育て世帯も消費税や年金掛金・社会保険料等を支払っています。とくに低所得世帯の子どもに、児童手当やひとり親世帯への児童手当、教育の無償化や保育・学校などの現物給付サービスを十分に保障していれば、所得再分配が機能し、子どもの貧困率は改善するはずです。

しかし、男女ともに、再分配による子どもの貧困率は大きく改善していません。男性の場合、再分配によってもっとも貧困率が改善しているのは高齢者（65歳以上）です。一方、0～4歳の乳幼児は再分配前後の貧困率がほとんど変化してないことがわかります。

学齢期を含む5～9歳、10～14歳では、再分配によって貧困率が2ポイント程度下がりますが、35歳以上の貧困率が5ポイント程度改善されていることと比較すると、乳幼児期や学齢期の子どもたちに所得再分配がそれほど機能していないことがわかります。

女性はさらに厳しい状況です。高齢者（65歳以上）の貧困率が大きく改善しているのは男性と同様です。一方で、0～4歳、25～29歳の女性は、再分配によって、貧困率が若干ながら悪化しています。つまり、子ども・若い世代の女性に対しては、男性と比較して政府の所得再分配がうまく機能していないことがわかります。

また男性と同様に、学齢期を含む5～9歳、10～14歳では、再分配によって貧困率が2ポ

図1-4　再分配前後の貧困率・男性（2018年）

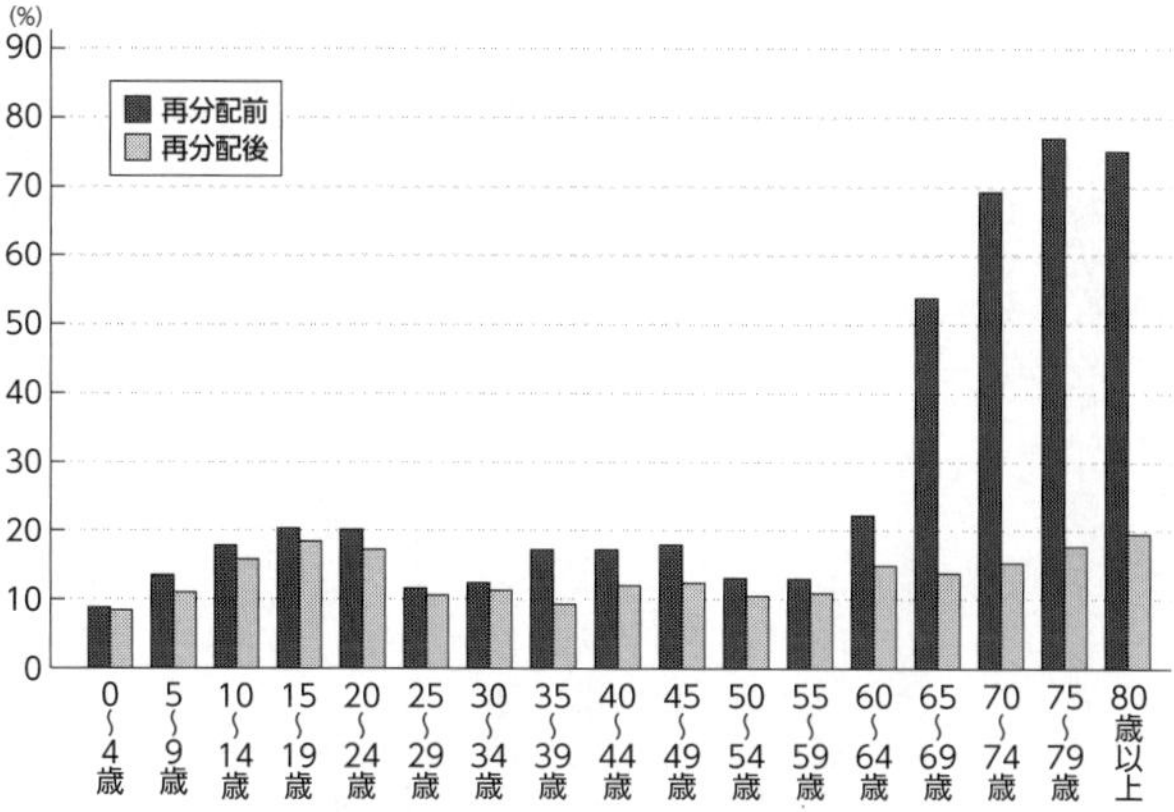

図1-5　再分配前後の貧困率・女性（2018年）

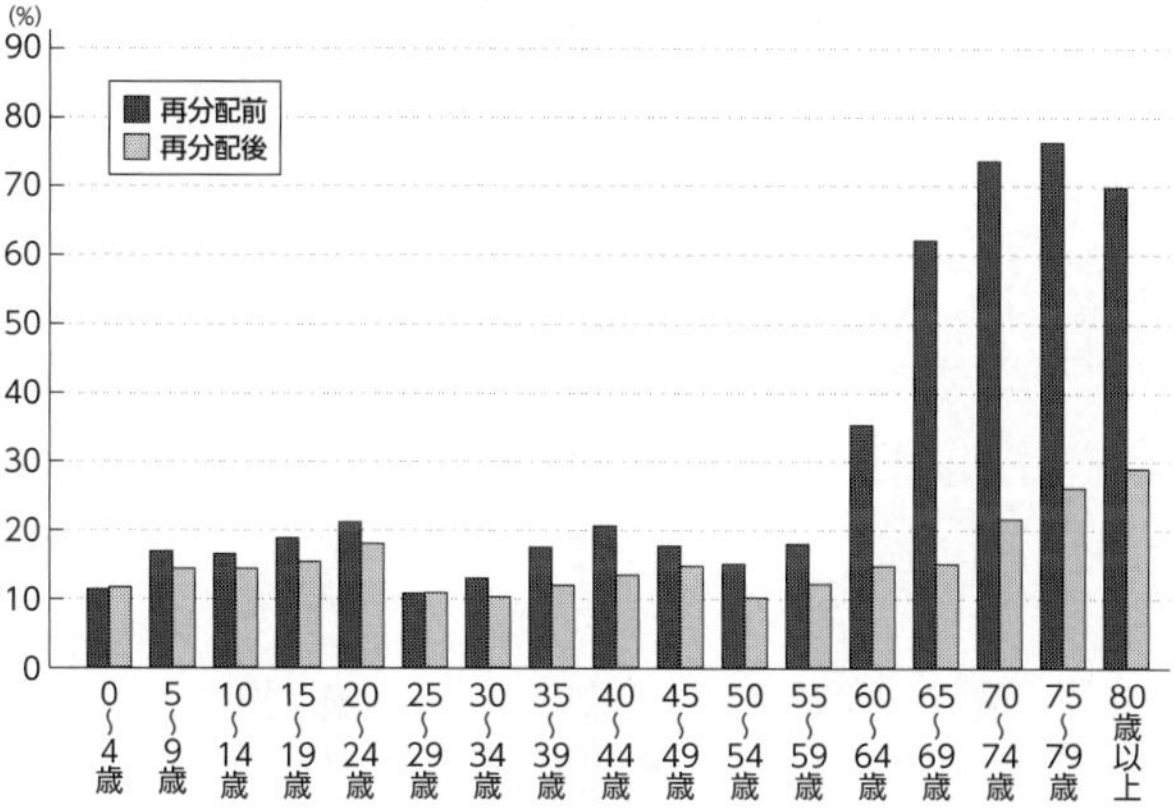

出典：ともに阿部彩「日本の相対的貧困率の動態：2019年国民生活基礎調査を用いて」貧困統計HP（2021）

イント程度下がりますが、35歳以上の貧困率が5・7ポイント程度改善されていることと比較すると、やはり乳幼児期や学齢期の子どもたちに所得再分配がそれほど機能していないことがわかります。

このように、新型コロナ禍の前から、日本政府による所得再分配は、乳幼児や学齢期の子どもたちがいる子育て世帯に対し、うまく機能しているとは言えない実態がありました。だからこそ、衣食住すら不足する親子が日本に存在しているのです。

子どもへの「現金給付」を政策手段として好まないのは、自民党政治の特徴です。これまで、政府の子どもの貧困対策に内閣府委員として関与し、文部科学省で高校無償化政策にもかかわってきた私は、誰よりもそのことをよく知っています。

子どもの貧困対策の推進に関する法律、および子供の貧困対策に関する政府の大綱では、教育の支援、保護者の就労の支援、生活の支援、経済的支援の順番で、支援政策が記載されています。つまり経済的支援＝現金給付の優先度はもっとも低いのです。

実際、政府の資料でも[9]、２０１０年に民主党政権が増額した後は「現金給付」は増えておらず、待機児童の解消などの保育所等サービスの「現物給付」に費やす予算が増えていったことがわかります（図1－6）。つまり衣食に不自由する困窮家庭を含め、家庭には税からの再分配を改善せず、教育の無償化（授業料、保育料の政府負担）や保育増設などの「現物給付」に優先的に予算を使うのが、自民党政権の特徴なのです。

もちろん、「現物給付」自体は悪いことではありません、待機児童問題は深刻ですし、教育の無償化は経済的理由による高校生や大学生の中退を減少させ、低所得層の大学等進学率を高める効果がありました。しかし、多くの研究者や専門家は、低所得世帯や子育て世帯に対する再分配効果の弱さ、生活の苦しさを、エビデンスとして幾度となく指摘しています[10]。私も、内閣府・子供の貧困対策に関する有識者会議で低所得子育て世帯への現金給付の拡充を毎回のように訴えてきましたが、自民党政権のもとでは、なかなか実現しないのです[11]。

また、新型コロナ禍では、ひとり親世帯への臨時給付金とともに、２人親困窮世帯への臨時給付金を支給してほしいと、子どもの貧困対策に実績を持つ支援団体と一緒に記者会見をしたり、西村康稔《にしむらやすとし》経済再生担当大臣に署名を手渡したり、親子の命を守るための活動をしてきました。

ひとり親世帯への臨時給付金は２０２０年度に補正予算として可決され、２０２１年にも支給されました。しかし、２人親困窮世帯への臨時給付金は公明党や野党の強い要望で導入できたものの、支給時期が７月末にずれこむなど、もっとも家計が大変な新学期に間に合わない結果となってしまいました。

2人親困窮世帯も、ひとり親困窮世帯と変わりなく、とても大変な状態です。今日明日の食べるものにも事欠く中、前向きに学ぶことなど考えられない親子も少なくないのです。

確かに、安倍政権のもとで、子どもの貧困率は改善してきました。2012年は16・3%、2015年13・9%、2018年は13・5%です。しかし、先進国最悪と言われるひとり親の貧困率は、2012年54・6%、2015年50・8%、2018年48・1%とある程度改善したものの、依然としてひとり親世帯の半分は貧困です[12]。

図1-7は、「まったく貯蓄していない」「貯蓄を生活費にまわしている」と回答した、子どものいる世帯の比率です。貧困率の高い母子世帯で、「まったく貯蓄していない」「貯蓄を生活費にまわしている」と回答した比率は2012年の39・6%が最高でしたが、2014年以降はずっと36・1%と横ばいです。新型コロナ禍でこの状況がますます悪化していることが懸念されます。

つまり、アベノミクスで貧困率は改善したように見えますが、もともと苦しい母子世帯を中心に、貯蓄ができない子育て世帯の比率は横ばいなのです。低所得子育て世帯の生活の苦しさ、余裕のなさは、ほとんど変化がなかったと指摘せざるをえません。

図1-6　家族関係社会支出の推移

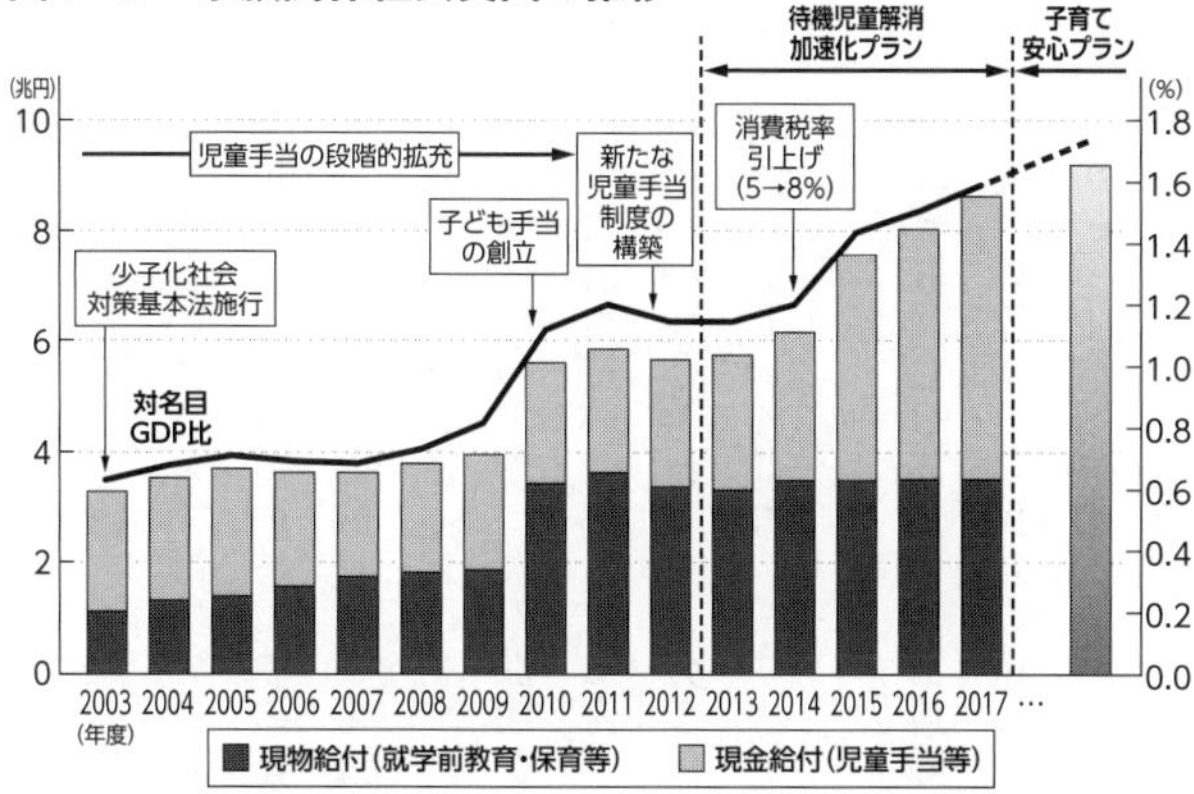

出典：財務省・財政制度等審議会・財政制度分科会資料（2020年10月8日）

※2019年10月に幼児教育・保育の無償化を実施したことに伴い、平年度で約8,900億円（公費ベース）の増額となる（対名目GDP比＋約0.16％相当）。

図1-7　「貯蓄をしていない」世帯の比率

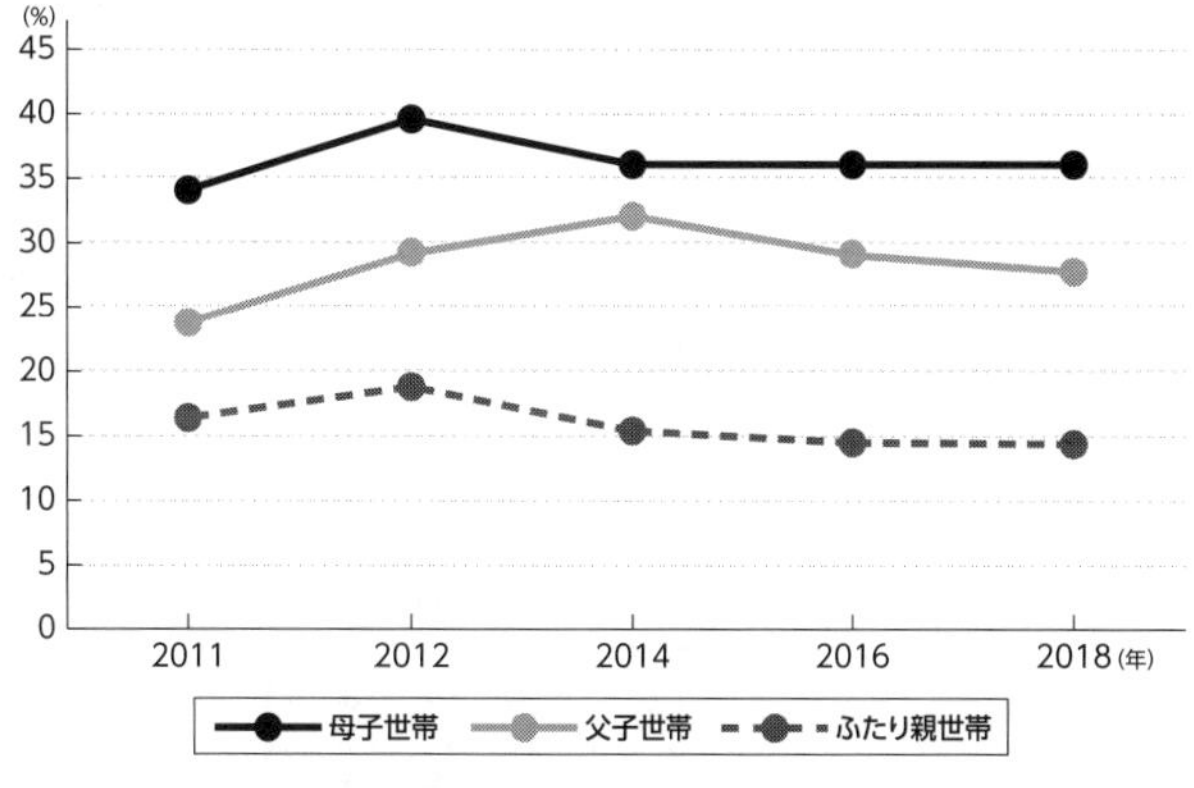

出典：独立行政法人 労働政策研究・研修機構「子どものいる世帯の生活状況および保護者の就業に関する調査2018（第５回子育て世帯全国調査）」表５－２－６ 家計の収支バランスの状況より筆者作成

そして、新型コロナ禍で1年もの間、衣食にも事欠く困窮2人親世帯の子どもたちに現金給付もせず放置したことは、国民の生命と安全を守る責務を負う日本政府が、その責務を遂行しなかったということではないでしょうか。

「現金給付」は、生きていくための基盤が危うい貧困世帯にとっての「万能薬」です。学用品を買ったり、子どもの成長に不可欠な栄養を含む肉や野菜が購入できるようになったり、子どもの貧困をダイレクトに改善する効果があることが、国内外の研究で判明しています[13]。

少子化に悩むこの国で、次の世代を担う子どもを産み育てている親たちの大変さに、低所得層も高所得層も違いはありません。しかし、衣食にすら事欠く「絶対的貧困」に陥っている困窮世帯への現金給付すら十分ではない状況も、子どもや親に冷たく厳しい「子育て罰」大国・日本の悲しい現状なのです。

◆夫婦合算年収700万円世帯も排除のターゲットに!?

これまで、菅総理と自民党政権は、高所得世帯と低所得世帯に冷たく厳しいと書いてきました。しかし、中所得層も安心はできません。

児童手当廃止の政府内議論を見ていくと、とくに財務省や財務省に近い閣僚・自民党議員は、高校無償化（高等学校等就学支援金制度）の仕組みを参考に、世帯年収９１０万円を基準に児童手当の支給廃止を考えています。

その根拠は、財務省・財政制度等審議会・財政制度分科会の資料にあります[14]。「高所得者への児童手当（現金給付）の在り方の見直し」として、「保育の無償化（3～5歳）において、高所得世帯も含めて家計の負担を軽減させる効果が生じていることや、消費の実態や他制度の例も踏まえ、所得基準を超える者への特例給付については、廃止を含めた見直しを行うべき」（Ｐ53）として、高校無償化（高等学校就学支援金制度）の例があげられています。

高校無償化制度は、所得限度額の設定があります。目安年収９１０万円未満世帯の高校生は年額11万８８００円の授業料が、目安年収５９０万円未満の私立高校生は年額39万６０００円分の授業料が無償化されます（**図1―8**）[15]。

高所得層の子どもを排除しなかった民主党政権時代の高校無償化とは異なり、自民党政権のもとでは、２０１４年以降、年収９１０万円以上の世帯はゼロ支援です。なお、この年収基準は夫婦合算年収となっており、将来的には児童手当も夫婦合算で年収９１０万円以上の世帯には支給されない可能性が高いと考えています。

現行の高校無償化の利用率から考えると、夫婦合算年収９１０万円基準で、全国の約15％

図1-8　高校無償化制度における所得制限

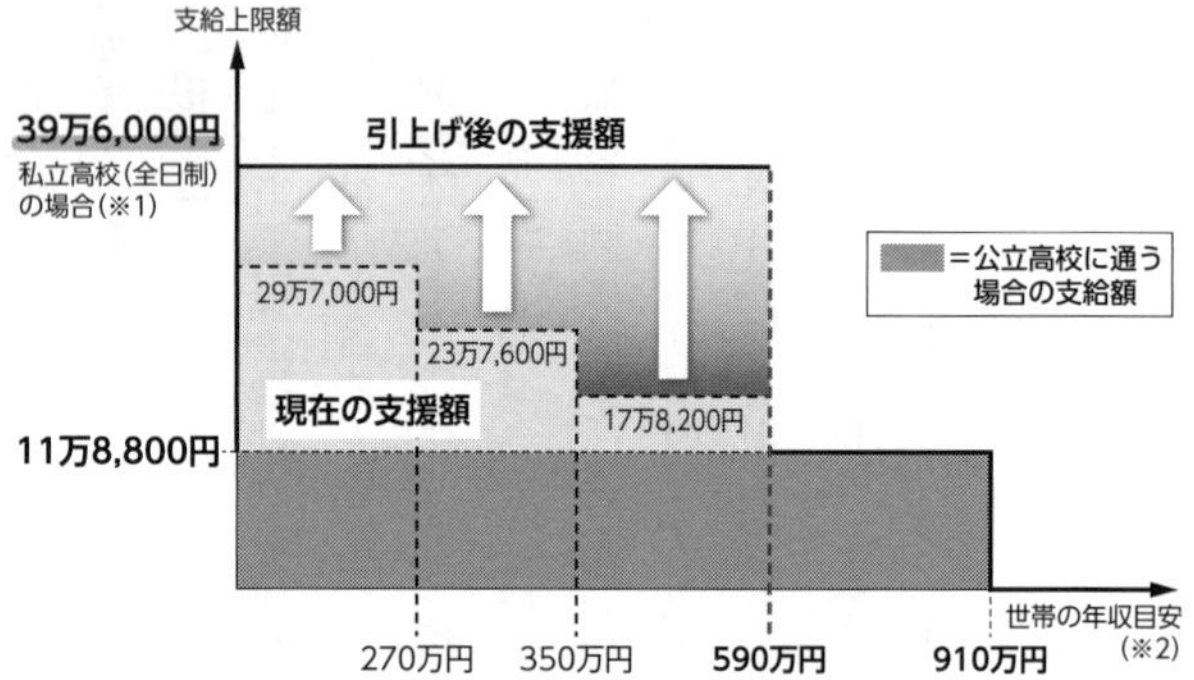

出典：文部科学省「私立高等学校授業料の実質無償化」（2020年4月以降）リーフレット

※1　私立高校（通信制）は29万7,000円、国公立の高等専門学校（1～3年）は23万4,600円が支給上限額。

※2　両親・高校生・中学生の4人家族で、両親の一方が働いている場合の目安。

の世帯と子どもが児童手当から排除されることになります。児童手当の対象となる15歳未満人口は全国で約１５００万人、その約15％となるので、２２５万人の子どもたちに高校無償化と児童手当という政府の重要な支援がまったく保障されなくなる可能性があるのです。

そもそも、自民党は、親子の生活を支える児童手当や子どもの学びを支え日本の経済成長を支える教育の無償化は、「低所得世帯限定」で良いと考える政党です。高校無償化政策をめぐる所得制限の導入とその議論の経緯にも、そうした傾向がよくあらわれています。

２０１４年度からの高校無償化への所得制限に対し、自民党・下村博文《しもむらはくぶん》文部科学大臣

（当時）は当初、世帯年収７００万円以上の世帯を無償化から排除しようとする所得制限案を示していました。これに対し公明党は、高校無償化を「なるべく多くの中間層にまで拡大しようとして１２００万円程度を主張していた」のです[16]。自公があゆみより、最終的に年収９１０万円で折り合ったということです。

今回、世帯主年収１２００万円の子どもたちが排除されることになった児童手当の議論も、今後このような経過をたどる可能性も想定しておく必要があります。自民党は、夫婦合算年収９１０万円や、場合によっては年収７００万円前後の中所得層にまで、児童手当廃止という「子育て罰」を考えている可能性があるのです。児童手当廃止は高所得層の問題だけではない、と私が考える理由がここにあります。

◆児童手当と教育の無償化の迷走

そもそも、児童手当（こども手当）と高校無償化は、民主党時代の２０１０年度に導入された政策です。先ほど述べたように、２０１２年の自公連立政権の発足以降、高校無償化に対しては所得制限が導入されました。一方で、２０１９年10月より幼児教育の無償化、２０２０年４月より私立高校の無償化の導入、大学の無償化の本格実施など、教育の無償化政策が進んできました。

２０１０年から２０２０年の自公政権を振り返ると、子どもに対する現金給付は増えていませんが、保育所の待機児童や教育の無償化政策など教育・保育等の現物給付の政府支出は増えています。

しかし、子ども手当・児童手当や教育の無償化の所得制限は、原則がよくわからないままに変更されています。こうした変更は、子育てする親に「いつまでこの制度が受けられるのか」という不安を与えるという意味で、「子育て罰」の要因となっていると指摘しておく必要があります。また、子どもの年齢や世帯の所得により、受けられる支援が複雑化していることも、子どもへの支援政策の原則を見えづらくしています。

ここで、児童手当（子ども手当）と教育の無償化の制度変更について、２０１０年からの制度変更を主要所得階層別に簡潔に整理しておきましょう。

図１−９に示した児童手当は、０歳から中学生をカバーする子どものための現金給付制度です。月額で言うと、０〜３歳の子ども１人につき１万５０００円、３歳〜小学校修了までの第１子・第２子は１人につき１万円、第３子以降は１人につき１万５０００円、中学生の子ども１人につき１万円が受け取れます。

図1-9　2010年以降の児童手当の変遷

	2010	2011	2012	2022
	子ども手当制度導入	子ども手当増額	児童手当制度への変更	高所得層の児童手当廃止
低所得層（住民税非課税世帯）	○	○	○	○
中所得層	○	○	○	○
高所得層（目安年収960万円以上）	○	○	△ 子ども1人・5,000円に減額 （特例給付制度）	× （世帯主・年収1,200万円以上）

厚生労働省「児童手当について」より末富作成

図1-10　2010年以降の教育の無償化の変遷

	2010	2014	2019	2020	
	高校無償化	高等学校修学支援制度	幼児教育の無償化（3〜5歳）	私立高校無償化	高等教育の無償化
低所得層（住民税非課税世帯およびそれに準ずる世帯）	○	◎	○	○	○
中所得層（目安年収590万円未満）	○	○	○	○	×
高所得層（目安年収910万円以上）	○	×	○	×	×

内閣府「平成26年版　少子化社会対策白書」、文部科学省「高校生等への修学支援」より末富作成

この基本設計は2010～2012年の民主党政権でも、2012年に政権復帰した自公政権でも変化はありません。ただし民主党政権では、親の所得にかかわらず、すべての子どもに同額が支給される「普遍主義」の給付が行われていました。

しかし、2012年に自民党政権になると、高所得層への児童手当を1人につき5000円に減額し、2022年以降は廃止の方向で動いています。これを「選別主義」といいます。児童手当において、政府は高所得層を冷遇するという意味で「子育て罰」を進めたのです。

図1‐10は、教育の無償化の変遷です。2014年、自民党政権のもとで、児童手当と同様に世帯合算年収910万円以上の高所得層が、高校無償化から排除されました。2020年に導入された私立高校の無償化、高等教育の無償化でも同様です。前述したように、最初は年収700万円程度の中所得層も、この支援から外そうとしていました。高所得層を高校無償化から排除し、低所得層への支援を手厚くした点が、自民党政策の特徴でした。

ところが、2019年に開始した幼児教育の無償化については、すべての所得層で無償化が実現されており、普遍主義的な制度となっています。さらに、私立高校無償化の恩恵は年収590万円程度の中所得層も受けられていません。単純に高所得層や中所得層に厳しいというわけではないのが、教育の無償化です。

問題は、児童手当と教育の無償化が、所得階層や子どもの年齢段階によって支援の有無が異なっていることです。高所得層は、幼児教育の無償化もいずれ廃止されるのではないかという不安をぬぐえないでしょう。また、財務省は高所得層の児童手当廃止の根拠に、幼児教育の無償化が高所得層を対象としていることをあげていますが、２０１９年以前に幼稚園・保育園・こども園等を卒園した子どもたちは、その恩恵を受けないまま児童手当が廃止される「はずれくじ世代」となります。高所得者層の中でも、子どもたちの間の分断が進むのです。

中所得層も、いつ制度から排除されるかわかりません。高等教育の無償化は中所得層には適用されていません。私立高校の無償化の支援額切り下げなども心配です。

その時々の政権によって変えられる児童手当や教育の無償化。このこと自体が、親が安心して子どもを育てられない「子育て罰」になっているのです。子どもへの現金給付や無償化政策に一定のルールを設けることが、日本から「子育て罰」をなくすための第一歩と言えるでしょう。

1・4　子ども・家族への少なすぎる政府投資

「子育て罰の厳罰化」を行う菅政権のままで、日本は大丈夫なのでしょうか。**図1－11**は、財務省の研究機関である財務総合政策研究所で、東京大学の山口慎《やまぐちしん》太郎《たろう》教授が報告した資料から引用したデータです。政府による家族関係支出が増えれば、出生率が増えることをあらわしています。

日本政府の家族関係支出の対ＧＤＰ比は国際的に見て非常に少なく、少子化も深刻な状況であることが確認できます。この状況を鑑《かんが》みるに、日本政府が取るべきなのは児童手当の特例給付の廃止ではなく、所得にかかわりなく子育て支援全般を手厚くする政策ではないでしょうか。あらゆる子どもに基礎的な児童手当を支給しつつ、児童手当と教育の無償化を低所得世帯に手厚く加算し、高校無償化や大学無償化の所得制限緩和をしていくことが必要なのです。

児童手当の特例給付廃止に否定的なのは、私だけではありません。財務省・財務総合政策研究所で少子化対策について提言している研究者たちの多くが同じ意見です。先のデータを発表した山口慎太郎教授は、東京新聞のインタビューで次のように答えています。

「日本の少子化はもはや単体の政策で効くような状況ではない。個々の政策ではなく、少子化対策のパッケージとして捉え、経済的な負担を取り除く必要がある。児童手当や

図1-11　家族関係社会支出と出生率

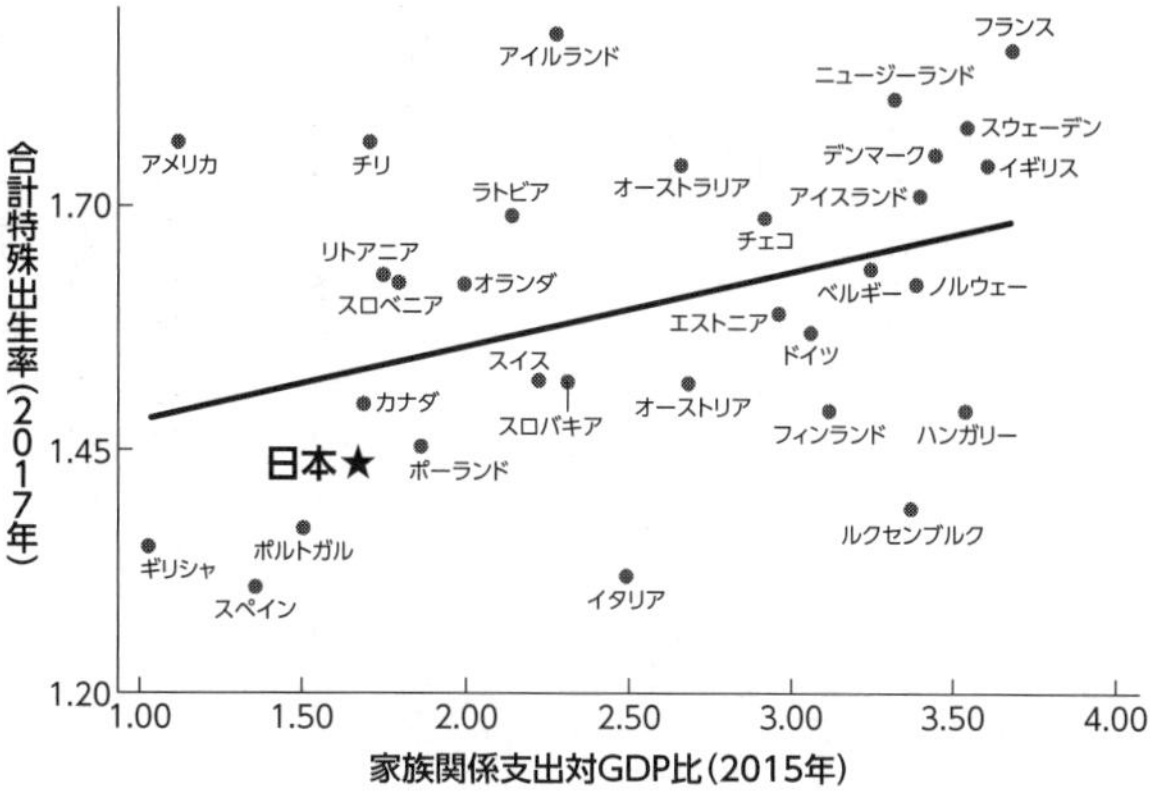

出典：財務省財務総研「人口動態と経済・社会の変化に関する研究会」第２回資料　山口慎太郎「家族政策が出生率に及ぼす影響」(2020)

保育所の整備を含む支援策が、合計特殊出生率を上げたとする実証研究は世界中にある」

（「世界的に見ても貧弱な少子化対策　日本は子育て支援増額を」東京新聞２０２０年11月30日）

また、中央大学の山《や》田《ま》昌弘《まさひろ》教授は、同じく東京新聞に次のようにコメントしています。

高所得世帯向けの特例が廃止されれば、若者世代がもらえたはずの手当がなくなるんだと萎縮し、第２子、第３子はやめておこうとなる。少子化対策には完全に逆行する。予算を削るのではなく、全体

を底上げすべきだ。

(「児童手当、高所得世帯の廃止を検討『夫婦の合計』に変更、対象絞り込む」(東京新聞2020年11月14日)

とくに、家族経済学の第一線の研究者である山口慎太郎教授は、記事の中で「日本は世界的に見ても少子化対策にかけるお金が貧弱」と指摘しておられます。今回の児童手当の特例給付廃止は、そもそも貧弱な子育て世代への財源を削ってしまうという意味で、少子化対策に逆行するどころか、超少子化を加速させてしまう愚策です。

私も、義務教育段階での政府の教育支出と家族関係支出との関係を国際比較したことがあります[17]。**図1-12**は政府からの家族・教育関係支出(子ども1人あたり・米ドルベース)を棒グラフであらわしたものです。棒グラフの一番下の黒とグレーの部分が児童手当・扶養控除などの現金給付策(税優遇策による家計への税控除含む)となっています。

山口教授の示した家族関係社会支出の図(**図1-11**)と同様に、6~11歳段階でも日本の子どもへの政府支出は少ないことがわかります。だからといって棒グラフの白い部分で示した政府支出教育費が国際的に見て手厚いかというと、そのようなこともないのです。日本の

図1-12　6～11歳子ども1人あたり政府からの給付、2013年（縦軸・PPP換算ドル）

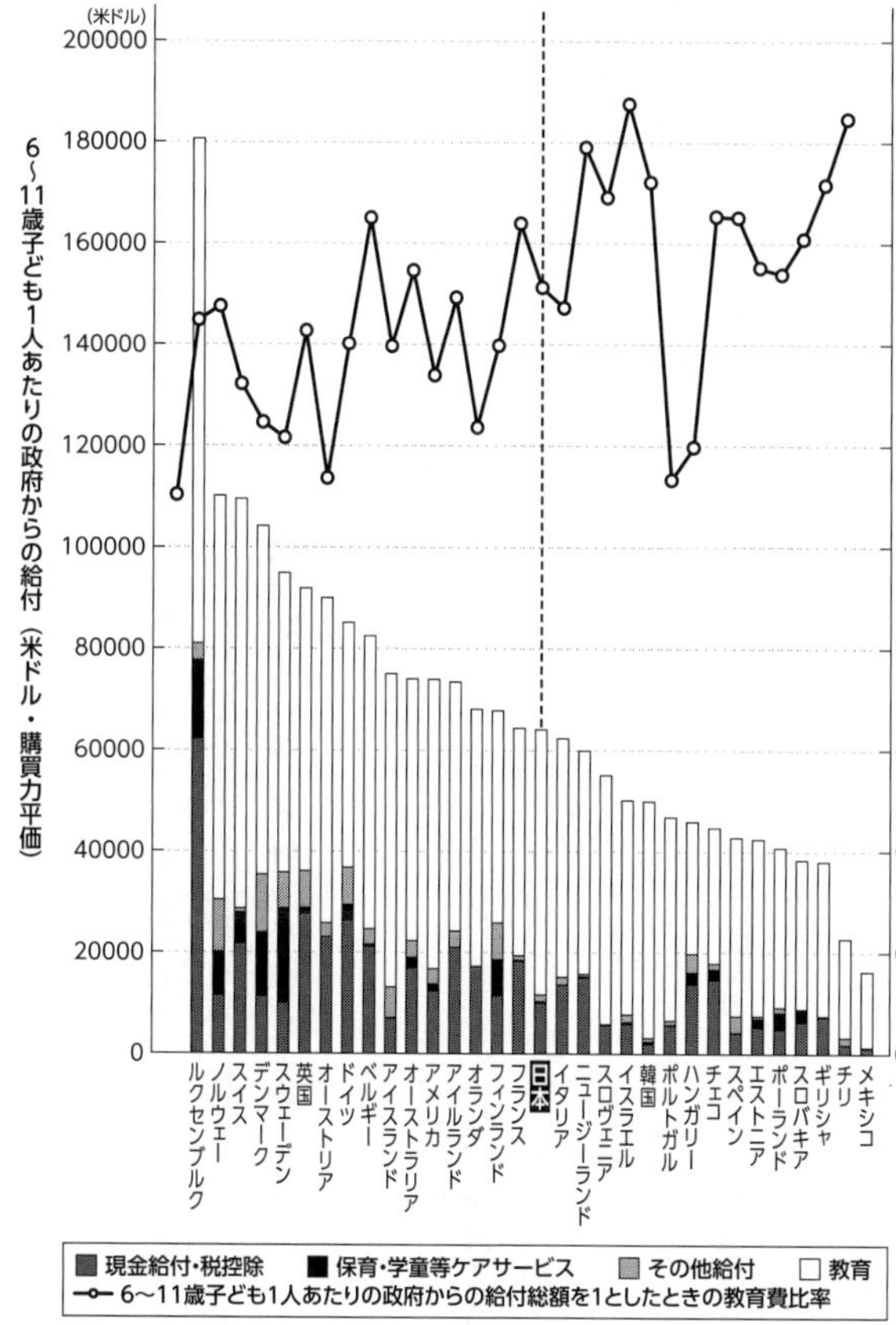

出典：末冨芳「国際比較からみた日本の教育費ー初等中等教育費を中心にー」国立人口問題・社会保障研究所『社会保障研究』第18号（2020）

6～11歳の家族・教育関係支出は６万４０５０ドルと、比較可能な国の中では中程度にすぎません。

また、政府が支出する教育・家族経費の中で教育費が占める比率をあらわしたものが**図1―12**上の折れ線グラフです。子どもに対する政府支出のうち教育費の比率が０・７６と教育に偏っており、児童手当等の現金給付政策が弱いという特徴が確認できます。

1・5　子どもを差別・分断する制度

図1―13に示したように、内閣府が２０１５年に示した分析結果からは、年収８００万円以上の子育て世帯では、税・保険料などの負担が受益を上回っていることがわかっています[18]。この状態でさらに２０２２年度から子ども１人で年６万円（子ども２人で年12万円、３人で年18万円）の受益が減少すると、子育て世帯はどうなるのでしょうか。

就労し、納税し、年金や社会保険料を支払っても、教育や保育でのメリットがないうえに、児童手当まで削減される。子どもを産み育てるほどに生活が苦しくなっていく。低所得層やひとり親だけでなく、中高所得層まで追い詰められている状況こそが、子育て罰大国・日本の実態なのです。

図1-13　40代男性・配偶者有り（共働き）・子ども2人世帯 収入階層別の受益と負担

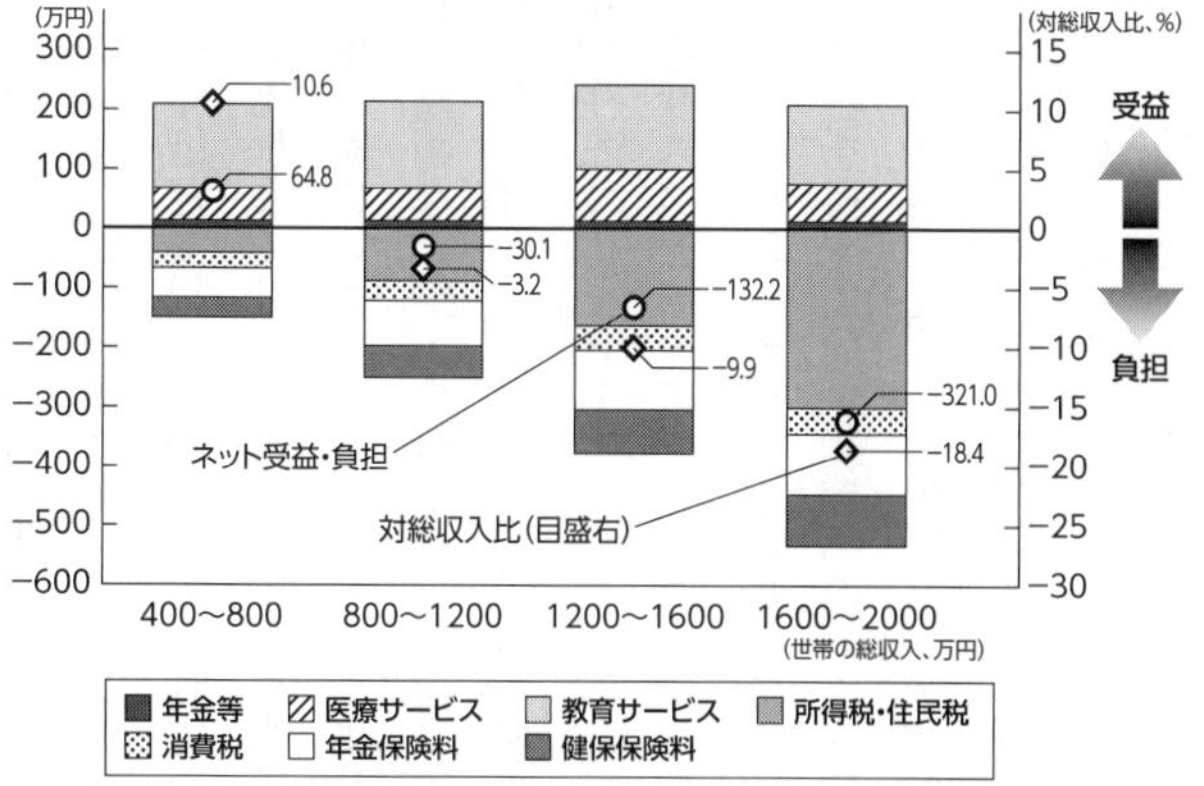

出典：内閣府「税・社会保障等を通じた受益と負担について」p.5（2015）

　中高所得層の児童手当を削って待機児童対策にまわすことは、子育て世代内部での分断を深めていきます。１・３節でも述べましたが、２０２１年度現在で小学3年生以上の子どもを持つ世代は、幼児教育の無償化の恩恵をまったく受けていないため、純粋な負担増になる「はずれくじ世代」となってしまいます。

　高所得層の児童手当の廃止を強行すれば、「子育て罰」の厳罰化になるのはもちろんですが、そもそも、中高所得層の子育て世帯が楽な暮らしをしているわけではないのです。

　まず、世帯年収９１０万円以上の相対的高所得層は、第二次安倍政権のもとで高校無償化の対象外となりました。とくに年収１００

０万円を上まわる世帯の大学生は、日本学生支援機構の貸与奨学金も借りられないなど、すべての支援の対象から外れます。すなわち、日本の中高所得層にとっての「子育て罰」とは、稼げば稼ぐほど支援から切り捨てられていくことなのです。

こうした世帯では、小中学校での児童手当を計画的に貯蓄し、高校や大学・専修学校等の進学費用に充てるケースも少なくありません。奨学金利用ができない高所得者層は、そうしなければ高額な大学・専修学校の卒業までの費用を工面できないからです。

２０２２年度から突然、児童手当が廃止されてしまうと、現時点で児童手当が支給されている中学生までの子どもたちの中には、資金不足のために希望する学校に進学できない層が出てくるリスクを高めます。私は大学の教員ですから、実際に大学生の経済的相談にも乗っています。中には、保護者が高所得であるために、日本学生支援機構の貸与奨学金も利用できず、やむを得ず民間金融機関のローンを組んで授業料を払っている学生もいました。

一見、高所得に見える世帯でも、家族の介護や、ビジネスの運転資金のために家計に余裕がなかったり、家族が病気で治療に多額の医療費が必要だったり、経済的虐待があったりと、生活が苦しい家庭は少なくありません。親の所得で子ども・若者が受けられる支援に線引きをすれば、切り捨てられる子どもや若者がいるということなのです。

どうしても児童手当を削るのであれば、少なくとも教育に関するすべての支援制度の所得制限を撤廃してからにすべきです。具体的には、高校就学支援制度の授業料無償化の所得制限撤廃、高校生等奨学給付金と大学・専修学校の無償化の所得制限の大幅緩和、日本学生支援機構奨学金の貸与奨学金の所得制限撤廃です。これをしなければ、進学機会を失う若者が続出し、結果的にわが国の人的資本育成のマイナスになります。

もちろん、こんなことをいうまでもなく、親の所得によって子ども・若者への支援を「差別」することは、そもそも許されないというのが私の考えであることをもう一度強調し、この章を閉じます。

1　内閣府,2017,「男性の暮らし方・意識の変革に向けた課題と方策～未来を拓く男性の家事・育児等への参画～」p.4
https://www.gender.go.jp/kaigi/senmon/kurashikata_ishikihenkaku/pdf/0310houkoku_i.pdf

2　末冨芳,2011,「大学生の親の教育費負担―親負担ルールの現状と将来」家計経済研究所『季刊　家計経済研究』vol.91 pp.33-40
http://kakeiken.jp/old_kakeiken/jp/journal/jjrhe/pdf/91/091_04.pdf

3　産経新聞「〈独自〉児童手当の特例給付、廃止検討　待機児童解消の財源に」（２０２０年11月６日）
https://www.sankei.com/article/20201106-LANFIUTU7ZP27N54FKJNWSXZCQ/

4 日本経済新聞「児童手当『年収１２００万円以上」支給せず　法案を閣議決定」（２０２１年２月２日）
https://www.nikkei.com/article/DGXZQODE018DQ0R00C21A2000000/

5 立憲民主党,2021,「【衆院本会議】大西健介議員『コロナ禍でなぜ児童手当を削減するのか』　子ども・子育て支援法案」

6 内閣府,2021,「子ども・子育て支援法及び児童手当法の一部を改正する法律案の概要」p.6
https://www.cao.go.jp/houan/pdf/204/204_2gaiyou.pdf

7 内閣府「子供の貧困の状況」(２０２０年９月28日・第16回子供の貧困対策に関する有識者会議・資料１−２)
https://www8.cao.go.jp/kodomonohinkon/yuushikisya/k_16/pdf/s1-2.pdf

8 阿部彩,2021,「相対的貧困率の動向：２０１９年国民生活基礎調査を用いて」pp.36−37
https://www.hinkonstat.net/

9 財務省・財政制度等審議会・財政制度分科会「資料　社会保障について①（総論、医療、子ども・子育て、雇用)」p.46（２０２０年10月８日）
https://www.mof.go.jp/about_mof/councils/fiscal_system_council/sub-of_fiscal_system/proceedings/material/zaiseia20201008.html

10 大沢真理,2015,「日本の社会政策は就業や育児を罰している」日本家族社会学会『家族社会学研究』第27巻第１号 pp.24−35
阿部彩,2008,『子どもの貧困—日本の不公平を考える』岩波新書

11 たとえば、私が２０２０年９月28日の第16回内閣府・子供の貧困対策に関する有識者会議に提出した資料では、第一の要望事項として「児童手当・児童扶養手当の低所得世帯への増額・所得制限緩和」をあげています。
末冨芳,2020,「意見書・新型コロナウイルス感染症流行の長期化に伴う子ども・若者支援の拡充について」

p.1

https://www8.cao.go.jp/kodomonohinkon/yuushikisya/k_16/pdf/ref4.p

12　内閣府「子供の貧困の状況」（２０２０年９月28日・第16回　子供の貧困対策に関する有識者会議・資料１−２）

https://www8.cao.go.jp/kodomonohinkon/yuushikisya/k_16/pdf/s1-2.pdf

13　公益財団法人あすのば,2018,「子どもの生活と声　１５００人アンケート最終報告〜ひとりひとり、１／１の生活と声に向き合って〜」p.6

貧困世帯の子どもへの給付金事業を実施している公益財団法人あすのばが、給付金利用者を対象に実施したこのアンケートでは「給付金が役に立った理由は保護者・子どもともに『使い道が限られていない』こと」が利用者からあげられ、「子どもの貧困対策に特効薬はないと言われているが、使い道が限られていない現金給付が多様なニーズに応える〝万能薬〟であると考えられる」と結論しています。

https://www.usnova.org/wp-content/uploads/2018/06/report_180615.pdf

また、周燕飛,2019,「子どもの貧困と親への就業支援」（内閣府・子供の貧困対策に関する有識者会議・第12回・資料）p.12では、アメリカでの実証研究から、「子ども手当：１人あたり月額＄２５０支給」が子どもの貧困率をマイナス５・３％押し下げる効果があり、もっとも有効な政策であることを指摘しています。（元のデータはThe National Academies of Sciences, Engineering, Medicine,2019, A Roadmap to Reducing Child Poverty,Chapter5）

https://www8.cao.go.jp/kodomonohinkon/yuushikisya/k_12/pdf/s1.pdf

14　財務省・財政制度等審議会・財政制度分科会「資料　社会保障について①（総論、医療、子ども・子育て、雇用）」p.53（２０２０年10月８日）

https://www.mof.go.jp/about_mof/councils/fiscal_system_council/sub-of_fiscal_system/proceedings/

material/zaiseia20201008.html

15 文部科学省「２０２０年４月からの『私立高等学校授業料の実質無償化』リーフレット」
https://www.mext.go.jp/a_menu/shotou/mushouka/1418201.htm

16 青木栄一,2021,『文部科学省―揺らぐ日本の教育と学術―』中公新書 p.138

17 末冨芳,2020,「国際比較からみた日本の教育費―初等中等教育費を中心に―」国立人口問題・社会保障研究所『社会保障研究』第18号 pp.301-312
http://www.ipss.go.jp/syoushika/bunken/data/pdf/sh20120104.pdf

18 内閣府,2015,「税・社会保障等を通じた受益と負担について」p.5
https://www5.cao.go.jp/keizai3/jueki_futan/0929jueki_futan.pdf

第2章

「子育て罰」と子どもの貧困

桜井啓太

2・1 「チャイルド・ペナルティ」を「子育て罰」と訳した理由

末冨先生からバトンタッチして第２章を担当します、桜井啓太と申します。貧困問題や生活保護制度を専門に研究しています。

「子育て罰」生みの親とご紹介いただくこともありますが、あまり発案者を名乗る気はありません。というのも、この「子育て罰」はもともと「child penalty：チャイルド・ペナルティ」という学術用語で、以下のような形で使われていました。

① 子育てしながら働く母親（ワーキングマザー）と子どもを持たない非母親との間に生じる賃金格差を示す経済学・社会学の概念（そのため「motherhood penalty：母親ペナルティ」とも呼ばれる）。

このチャイルド・ペナルティに着目した研究は、２０００年以降、とくに２０１０年代後半から、海外で積極的に行われていますが、日本ではほとんど言及されていません。数少ない例外として社会政策学者の大沢《おおさわ》真理《まり》先生の論文で、次のような指摘がされています。

②日本の再分配政策（税・社会保障制度など）は、子育て世帯に対して機能していない、あるいは状況をむしろ悪化させており、「就業や育児を罰している」[1]。

なお、末冨先生が第１章で述べられたように、本書ではこの定義をさらに広げています。

③社会のあらゆる場面で、まるで子育てすること自体に罰を与えるかのような政治、制度、社会慣行、人びとの意識。

◆「子育て罰」にこめた想い

「子育て罰」の元ネタは①と②なのですが、チャイルド・ペナルティを「子ども罰」ではなく、「子育て罰」とあえて訳したのにはこだわりがあります。その１つは「子どもの貧困」をはじめとする日本の子育て政策に対する強い不満です。

日本において「子どもの貧困」が社会問題・政策課題として認知されて10年以上が経ちました。「日本には本当の貧困などない」と政治家が発言していた時代を思うと隔世の感があります。

一方で、マスメディアなどでは、かわいそうな「子ども」を取り上げた取材や、貧困を乗り越えるための熱意ある現場実践を紹介する記事が多く見られます。貧困事例の取材や希望ある支援実践、それ自体は意義のあることですが、貧困と社会福祉政策を研究している身からすると、それら貧困問題の多くは政治の不作為と社会の責任によるものです。そこがしばしば問われていないのです。

貧困政策だけでなく、子育て支援政策全般も同じで「子育て世帯を応援（してあげる）」的な政策ばかり。そもそも、政治や社会の側が子育てしている人びとの足を引っ張っているという加害の意識のカケラもありません。

「子育て罰」という言葉の利点は、罰を与えている側の責任と罰を受ける側の被害が可視化できるという点にあります。子育て罰を行っているのは、多くは政治であり、それにとどまらず社会全体であり、そこには人びとの価値観も含まれます。

誤解を招く表現であることは承知のうえで、あえて「子育て罰」としたときに、かわいそうな個人が貧困に陥っている（ので助けてあげよう）という話から脱して、「罰しているのは誰か」「罰されているのは誰か」という、いま現実にある差別と不平等を論じることができます。そしてそれは、罰や不利を取り除いた社会に思いをはせることにもつながります。

◆「子どもの貧困」という言葉が見えなくするもの

「子育て罰」のこだわりはもう1つあります。「子ども」だけを取り出して問題にするのではなく、「子育て」という関係性の概念でとらえることの重要性です（ちなみに子育ての主体は血縁上の親に限定する必要はまったくありません）。

「子どもの貧困率」がよく話題になりますが、その多くは「子育て世帯の貧困」です（もちろん児童養護施設などで生活する児童という見過ごせない問題はあります）。実は「子どもの貧困率」を測定するときは、親を含めた世帯の所得で貧困状況を測ってから、子どもだけを取り出して数えるというかなりいびつな計算をしています。

子どもはたいてい無所得ですから、子どもが1人で貧困になることはめったにありません。子どもの奥にいる大人が貧困に置かれている。子育てするのに十分でない所得しか得られていない。その背景には、子育てをすること自体が貧困につながるような不利な社会構造がある――。「子どもの貧困」はそうした親・保護者に対する不利や排除（子育て罰）の結果が、まわりまわって世帯の中の子どもにあらわれているのです。その意味で、子育て罰は「子どもの貧困」を補完する概念といえます。

ただ、この「子育て罰」という用語には危険性もあります。罰（ペナルティ）という言葉を使用すること自体に反対する意見もありますし、差別や不平等の視点をなくしてこの言葉が一人歩きする懸念もあります。また、子育てという関係性にとらえ直したことが、「子ども」を一個の権利主体として見る利点を消してしまっては元も子もありません。「子どもの貧困」がこれまで獲得してきたものを損なわずに、その困難や不利を減ずるために、新しい視点を追加できれば良いと考えています。

長々と書きましたが、この章では「子育て罰」の元の使用法（①②）に近い観点（賃金や家庭の所得への影響）から、「子どもの貧困」に及ぼす子育て罰の国際比較の議論を取り上げます。子育て罰が子どもの貧困を生み、子育て罰の除去が貧困の解消へとつながる、そのようなイメージをみなさんと共有したいと思います。

2・2 「子育て罰」と「子どもの貧困」の関係

どうして「子育て罰」と「子どもの貧困」が関係するのでしょうか。これは大切な前提ですが、**貧困は制度や政策によって軽減することも悪化させることもできます。**貧困を軽減できるのにそうしない。それどころか余計に悪化させるような国家や社会は、明確に「子育て罰」といえます。

貧困についてもう少し補足しておきます。人を貧困に陥らせる要因として、職を失う「失業」、高齢で働けなくなる「老齢」、病気やケガになる「疾病・傷病」などがあげられますが、離婚や死別、未婚の出産などの「離死別」も代表的なリスク要因の１つです。

仕事と子育てを１人で背負うひとり親世帯は、２人親よりも貧困に陥りやすい（＝貧困リスクが高い）と言われています。またひとり親の中でも、女親のシングルマザーは、賃金や雇用形態のジェンダー不平等も影響して貧困リスクがより高くなります[2]。

ただ、この貧困リスクはあくまで「リスク」なので、高くしたり低くしたりすることも可能です。具体的には労働環境・社会保障制度・家族政策によって、そのリスクは大きく上下します。

例をあげて考えてみましょう。大人１人で子育てしているひとり親世帯（Ａさん家庭）があったとします。Ａさんの住む国（地域）では、無償・低価格で公的に提供される保育サービスがあり、お金の心配なく子どもを預けることができます。仕事は生活賃金が保障されたディーセント（まとも）なもので残業もほとんどありません。男女差別や育児していることで待遇や昇進上の差別をすることは厳しく禁止されています。

さらに、家族手当（子どもに対する現金給付制度）が充実していて、子育てに必要な費用の多くを補うことができます。安価で良質な公営住宅が整備されていて、民間アパートに住む家庭には住宅手当が支給されます。義務教育は本当の意味での無償で――給食費やら副教材費やらこまごま請求されたりしません――希望すれば大学や専門学校だって無償で進学することもできます。子どもの医療費は当然ながら無料です。

Ａさん世帯の住むような社会では、大人１人で子育てすることは珍しいことでもなく、Ａさん自身、これまでの暮らしの中で格段の不利を感じたこともありません。人びとが生活する中で生じるリスクを社会で分かち合う（社会化する）ことに成功している社会では、「ひとり親」は貧困リスクではなくなるのです。

Ａさんとは逆の例も考えてみましょう。高額で待機児童だらけの保育サービス。残業・長時間労働があたりまえ、おまけにジェンダー差別・育児差別の激しい企業風土。正規／非正規の賃金格差は著しく、新卒一括採用のレールから外れることに冷淡な労働市場。家族手当は雀の涙ほどで、教育にお金がエグいほどかかる。とどめに子育て世帯をほとんど優遇しない税制度――。このような社会においては、ひとり親は間違いなく危険なリスクであり、子育てすることはまるで罰を受けるようなものになるでしょう。

2・3　働いているのに貧しい日本のひとり親世帯

ある人が貧困になるかどうかは、その国・社会がもつ仕組み・文化によってかなりの程度、左右されます。個人が貧困になる要因を制度・政策によって社会全体でカバーすることを「貧困リスクの社会化」といいます（専門用語では、脱商品化とか脱家族化ともいいます）。

この社会化に成功している国と失敗している国がありますが、労働環境（雇用慣行）や税・社会保障制度、家族政策というのは、国・地域それぞれ独自の歴史的発展の産物ですので、どこの国でも通用する「良い制度・政策」があるわけでもありません。初期条件が違うので、ある国においては貧困軽減に効果を発揮した方策が、他の国でも同じように有効だとは言い切れないからです。

ＯＥＣＤが２０１８年10月に発行したワーキングペーパー『Child poverty in the OECD』[3]は、まさにどのような社会政策が「子どもの貧困を軽減できるか」について、国ごとに適切な政策をシミュレーションした研究で、貧困を削減するためのヒントを与えてくれます。ここからはこの研究をもとにして、日本の状況に着目しながら紹介していきます[4]。

ワーキングペーパーでは、ひとり親世帯の貧困解消のための社会政策として、2つのシナリオを想定しています。1つ目は「失業をなくす」という就業率の向上（＝仕事に就かせる）を目指す政策です。「貧困の最大の処方箋《しょほうせん》は働くこと」というのは多くの人にとってもイメージしやすいものかもしれません。

もう1つは、「子育て罰をなくす」、子育てによる社会的不利を除去する政策です。ただし、子育て罰を除去するといってもすぐにはイメージが湧きにくいと思います。子育てしている母親の賃金が、子育てしていない場合に比べて有意に低下するという現象は、学問上ではよく知られており、私たちの実感とも合っています。収入が減少する原因はそれぞれですが、ここでは「子どもをもつ親」と「子育てしていない成人」との間にある所得上のギャップ（格差）を埋めることに成功した場合を想定してシミュレーションしてみた、と考えておいてください。

◆ひとり親世帯の貧困解消シナリオ①：就業率向上

はじめに、「就業率の向上」に特化した政策を実施してそれが成功したケース、すなわち「ひとり親世帯がすべて就業した」という想定（シナリオ）での貧困率の推移をシミュレー

図2-1　ひとり親世帯の貧困率に与える労働政策の影響（就業率向上シナリオ）

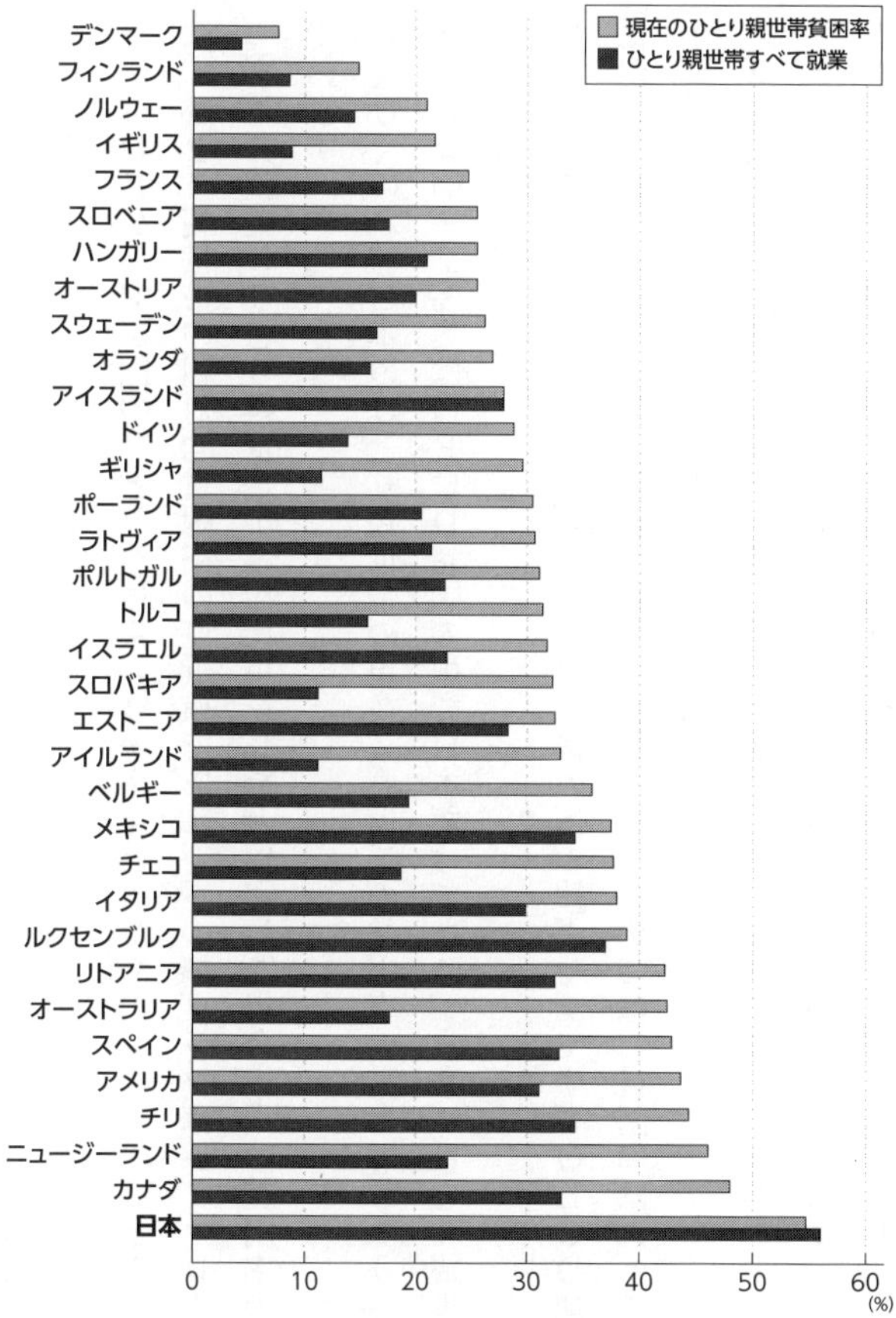

出典：Thévenon, O. et al. (2018), p.71 Table5 より桜井作成

※元データはOECD Income Distribution Databaseをもとにシミュレーションしている（図2-2、2-4、2-5も同様）。

ションしてみます（図２―１）。これはひとり親世帯の親の就業が「子どもの貧困率」に及ぼす影響を測定する目的で分析されたものです。

棒グラフはＯＥＣＤ34か国のひとり親世帯の貧困率をとったものです。国ごとの上側の棒グラフは、ひとり親世帯の相対的貧困率の直近値であり、下の棒グラフはシミュレーション後――つまり非就業のひとり親世帯がみな仕事をしたと仮定した場合――の貧困率の予測値となっています。

まず目をひくのが、日本のひとり親世帯の現在（直近）の貧困率の高さでしょう。50％を超えた貧困率（54・７％）はＯＥＣＤ諸国の中で日本だけであり、まさにひとり親世帯の貧困大国と言える状況です。

ただし、ここで注目すべきはシミュレーション後の下の棒グラフです。ＯＥＣＤ加盟国のどの国においても、すべてのひとり親が就業した想定シナリオでは、貧困率は大きく改善しています（厳密にはアイスランドのみ前後で貧困率は変わらず）。

たとえば、現在の貧困率がもっとも低いデンマーク（７・６％）は、シミュレーション後では４・３％にまで貧困率が改善します。もっとも貧困率の削減が大きいのはオーストラリアです。貧困率が42・５％↓17・７％とじつに24・８ポイントも改善しています。各国を平均すると10・6ポイントの貧困削減効果がのぞめることから、ワーキングペーパーでは「貧困家庭の親の就業状況の改善は、貧困の大幅な削減に効果的である」と結論づけています。

◆働くことが貧困改善につながらない異様な国、日本

この結論が成り立たない国が1つだけあります。そうです、日本です。

日本の場合、ひとり親世帯の親がみな就業するというシナリオでは、貧困率が逆に悪化します（54・7％→56・0％）。もう一度言います。**ひとり親家庭の親が全員働く想定でシミュレートした結果、日本は貧困率がさらに悪くなります。**働くことが貧困改善につながらず、むしろ悪化してしまうような国は日本だけなのです。

就業率向上シナリオによる貧困削減効果が低い、というか、むしろ悪化する国。いったいなぜこのようなことが起こるのでしょうか。

答えは簡単で、日本のひとり親世帯の親はすでに十分すぎるほど働いているからです。そして日本の貧困の原因は、人びとが働かない（非就業）ことにあるのではなく、働いているのに貧困になる（ワーキングプア）ことにあるからです（この分析は、失業世帯を就労世帯に入れ替える形でシミュレーションしているので、余計にそれがあらわれます）。このよう

な国で就労支援政策に力を入れることは、人びとをプアからワーキングプアにさせることに懸命に力を注いでいるのと一緒です。

◆ひとり親世帯の貧困解消シナリオ②：「子育て罰」の除去

次に、ひとり親世帯の「子育て罰」を除去したシミュレーション結果[5]を見てみましょう（図2−2）。先ほどと同じように、国ごとの上の棒グラフは貧困率の直近値ですが、下側の棒グラフは、「子育て罰」除去後のシミュレーション結果、貧困率の予測値を示しています。

この「子育て罰」を除去したシナリオでは、日本のひとり親世帯の貧困率は、54・7%↓25・7%と半分以下にまで下がることがわかります。貧困率を29ポイントも下げることができるのは、日本だけです。

日本に限らず、全体的に現在の貧困率が高い国（グラフの下半分にあたる国々）の方が、子育て罰の除去に伴う貧困削減の効果が大きいです。たとえば、ルクセンブルクは38・9%↓15・4%まで、チリでは44・4%↓21・1%まで貧困率が下がります。この「子育て罰除去による貧困削減効果が高い」というのは、その分だけ「子育て罰」によって現に貧困率が悪化しているということです（貧困率が高い国≒子育て罰が激しい国）。このグラフは、「子

図2-2　ひとり親世帯の貧困率に与える労働政策の影響（子育て罰の除去）

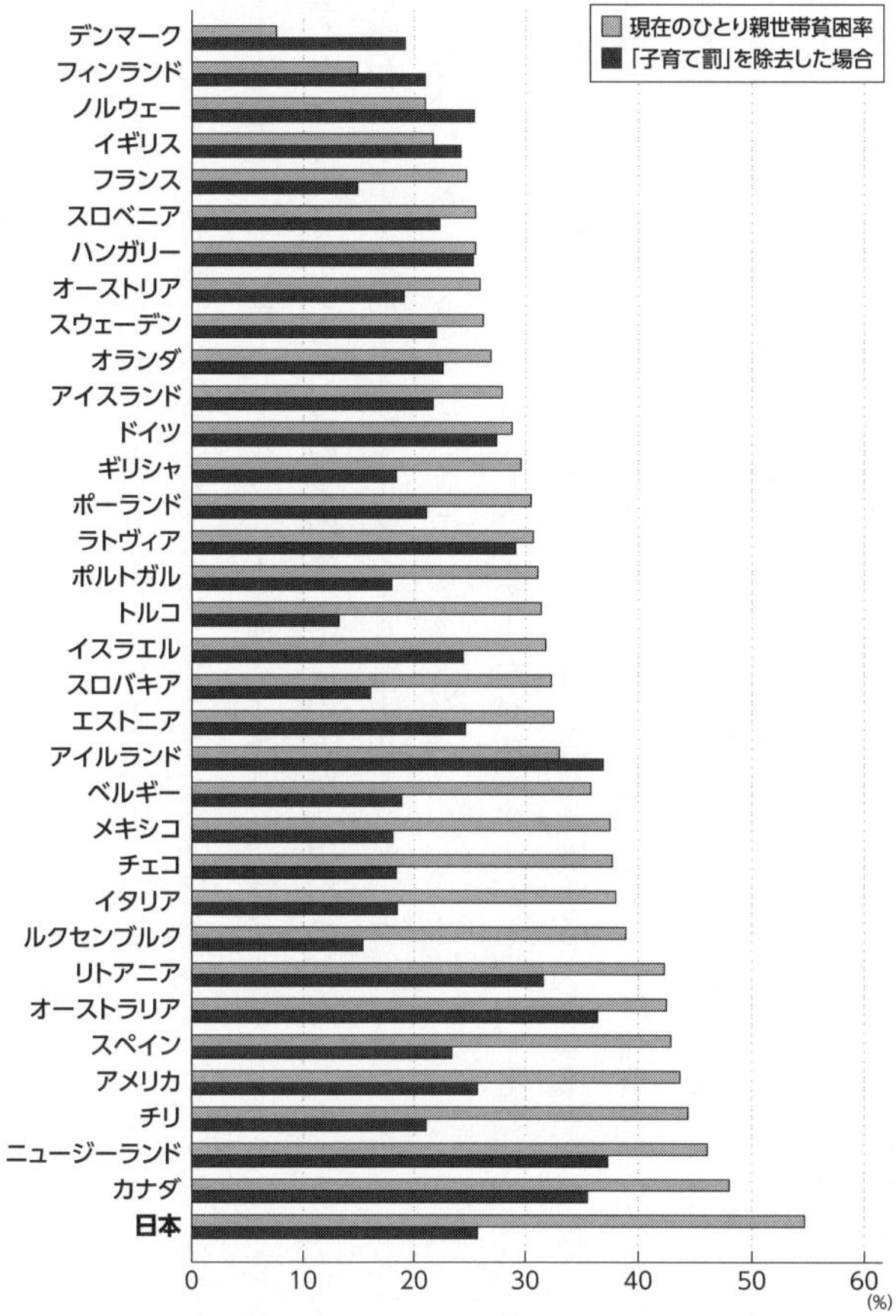

出典：Thévenon, O. et al. (2018), p.71 Table5 より桜井作成

育て罰」が現実にひとり親世帯の貧困を悪化させている程度をあらわしているとも言えるでしょう。

先ほどのひとり親世帯の親が全員就業したシナリオ①と同じく、ほとんどすべての国において、「子育て罰」の除去は貧困率を改善させる効果を持ちます。けれどもよく見てみると、デンマークとフィンランド、ノルウェー（他にイギリス、アイルランド）では、「子育て罰」を除去したシミュレーション後の貧困率（下）の方が、現在の貧困率（上）より上昇していることがわかります（例：デンマーク7・6％↓19・2％、フィンランド14・9％↓21・0％）。これはいったい、どういうことでしょうか。

チャイルド・ペナルティをなくした後の方が貧困率が上がる理由。それは、北欧のいわゆる高福祉国家においては、子育てをしている養育者を差別するような不平等な賃金・労働慣行が改善され、同時に充実した税・社会保障制度によって十二分に補償されているからです。

家族政策・保育政策の影響も重要です。たとえば、ノルウェーでは２００２年にそれまで十分ではなかった1～2歳児への保育を充実する大規模な改革を実施しました。保育施設への補助金が増額され、保育枠が急速に拡大されたのです。この結果、母親の賃金が上昇し、早期の保育利用が1年増えるごとに、チャイルド・ペナルティが約25％減少したという研究結果もあります[6]。

これらの国においては、子育てしている世帯の方が、むしろ子育てしていない世帯よりも貧困リスクが少ない現状にあります。ゆえに非子育て世帯の所得・賃金状況を参照してギャップを埋めると、貧困率が上がってしまうという結果になるのです。

こうした国では、もはや子育ては罰（ペナルティ）ではありません。むしろ「子育てボーナス」と言ってよい状況でしょう。改めて、人びとの生活や貧困というのは、制度・政策によって社会的に作られているということがよくわかる結果となっています。

◆「就労支援」が有効な国、「子育て罰の除去」が有効な国

シナリオ①、シナリオ②でわかるように、「子どもの貧困」を解消するための政策手段として「仕事に就かせる」（就労支援）政策と「子育て罰を除去する」政策のうち、どちらがより貧困削減に効果的かというのは、国によってそれぞれ異なります。

ＯＥＣＤ34か国の場合、たいていの国ではどちらの方策も有効なのですが、「就業率の向上」が貧困削減により効果的な国が18か国（アイルランド、オーストラリアなど）、「子育て罰の除去」がより有効な国が16か国（日本、ルクセンブルクなど）です（**図2−3**）。

図2-3　子どもの貧困に効果的な政策

「就業率の向上」が有効なグループ（国々）	「子育て罰の除去」が有効なグループ（国々）
アイルランド、オーストラリア、イギリス、デンマーク、ニュージーランド、ドイツ、フィンランド、ノルウェー、ラトヴィア、ハンガリー、ギリシャ、オランダ、スウェーデン、スロバキア、カナダ、イスラエル、スロベニア、ポーランド	**日本**、ルクセンブルク、メキシコ、チリ、イタリア、スペイン、アイスランド、アメリカ、ポルトガル、エストニア、トルコ、フランス、オーストリア、リトアニア、ベルギー、チェコ

出典：Thévenon, O. et al. (2018), p.68より桜井作成

◆2人親も含めた子どもの貧困率

ＯＥＣＤワーキングペーパーの分析をもう少し見てみましょう。**図2-4**は、ひとり親世帯に限定せずに、子育て世帯全体の「子どもの貧困率」について、先と同様にシミュレーションした分析です。

表の①の列が現在（直近）の子どもの貧困率です。２人親世帯も含めた全体の子どもの貧困率は、日本の場合15・１％です（ただしこれは２０１２年時点のデータであり、２０１８年では13・５％にまで改善しています）。ひとり親世帯の貧困率のようにダントツのワースト１位というわけではありませんが、ＯＥＣＤ34か国の中では、中の下といったところでしょうか（ＯＥＣＤ平均11・８％）。

図2-4　子育て世帯の貧困率に与える労働政策の影響（複数シナリオ）

	① 現在の 貧困率	⑥ 子育て世帯 すべて就業	⑦ ひとり親世帯の 「子育て罰」除去	⑧ 2人親世帯の 「子育て罰」除去
デンマーク	2.4	1.0	3.0	4.1
フィンランド	3.2	1.6	3.8	3.8
ノルウェー	6.2	3.0	6.8	5.3
アイスランド	6.3	5.0	5.6	5.2
ハンガリー	6.7	2.8	6.7	4.5
スウェーデン	7.5	3.5	7.0	5.1
アイルランド	8.2	1.7	8.6	8.0
オランダ	8.3	3.3	7.9	5.6
チェコ	8.4	2.6	7.1	4.6
ドイツ	8.4	2.9	8.2	7.7
オーストリア	9.0	3.9	8.6	6.0
フランス	9.2	4.9	7.5	8.2
ベルギー	9.7	2.9	8.3	5.9
ルクセンブルク	9.7	4.8	8.2	5.7
ラトヴィア	10.0	5.5	9.9	8.0
イギリス	10.5	3.4	10.9	8.8
スロベニア	10.7	3.2	10.5	7.5
エストニア	10.9	5.7	10.3	8.1
オーストラリア	11.3	2.8	10.8	9.7
ニュージーランド	11.3	5.1	10.4	11.8
ポーランド	11.5	5.1	11.3	5.9
スロバキア	12.4	3.8	12.0	3.7
ポルトガル	14.1	4.6	13.2	7.4
カナダ	14.7	7.6	14.0	10.7
日本	**15.1**	**14.1**	**13.3**	**14.6**
リトアニア	16.0	8.6	14.9	9.8
メキシコ	17.1	10.9	16.1	12.0
アメリカ	17.2	7.8	15.2	13.6
イタリア	17.6	7.6	16.4	10.1
チリ	18.6	7.4	16.7	12.0
ギリシャ	18.6	6.7	18.3	11.2
イスラエル	20.1	5.6	19.9	8.7
スペイン	20.2	11.4	19.2	12.8
トルコ	21.4	13.4	21.2	5.3
OECD 平均	11.8	5.4	11.2	8.0

出典：Thévenon, O. et al. (2018), p.70 Table4より桜井　部改変

表の⑥は「就業率の向上」シナリオを適用した場合であり、「ひとり親世帯がすべて就業し、2人親世帯がすべて共働き」というシミュレート結果（≒子育て世帯の親がみな仕事をしている）となっています。⑦⑧は、子育て罰の除去シナリオですが、⑦は「ひとり親世帯の子育て罰を除去した」シナリオ、⑧は「2人親世帯の子育て罰を除去した」シナリオが想定されています（厳密にはひとり親世帯や2人親世帯の貧困率が、子どものいない単身者／夫婦世帯並の貧困率になった場合として想定されています）。なお、②～⑤はここでは省略しています。

日本の数値を見てみますと、ひとり親世帯の場合と異なり、子育て世帯の親の「就業率向上」（⑥）が、貧困削減に効果があることがわかります（①15・1％→⑥14・1％）。ただし削減効果がたった1・0ポイントというのは、OECD諸国の中でもっとも効果が薄いともいえます（OECD平均は6・4ポイント減少）。

一方で、ひとり親世帯の子育て罰除去シナリオ（⑦）による全体の子どもの貧困率に及ぼす削減効果は1・8ポイント（①15・1％→⑦13・3％）であり、この項目での削減効果はアメリカ（①17・2％→⑦15・2％：2・0ポイント減）、チリ（①18・6％→⑦16・7％：1・9ポイント減）に次いで3番目に大きくなっています。

図2-5　子育て世帯の貧困率に与える労働政策の影響（就業／「子育て罰」の除去）

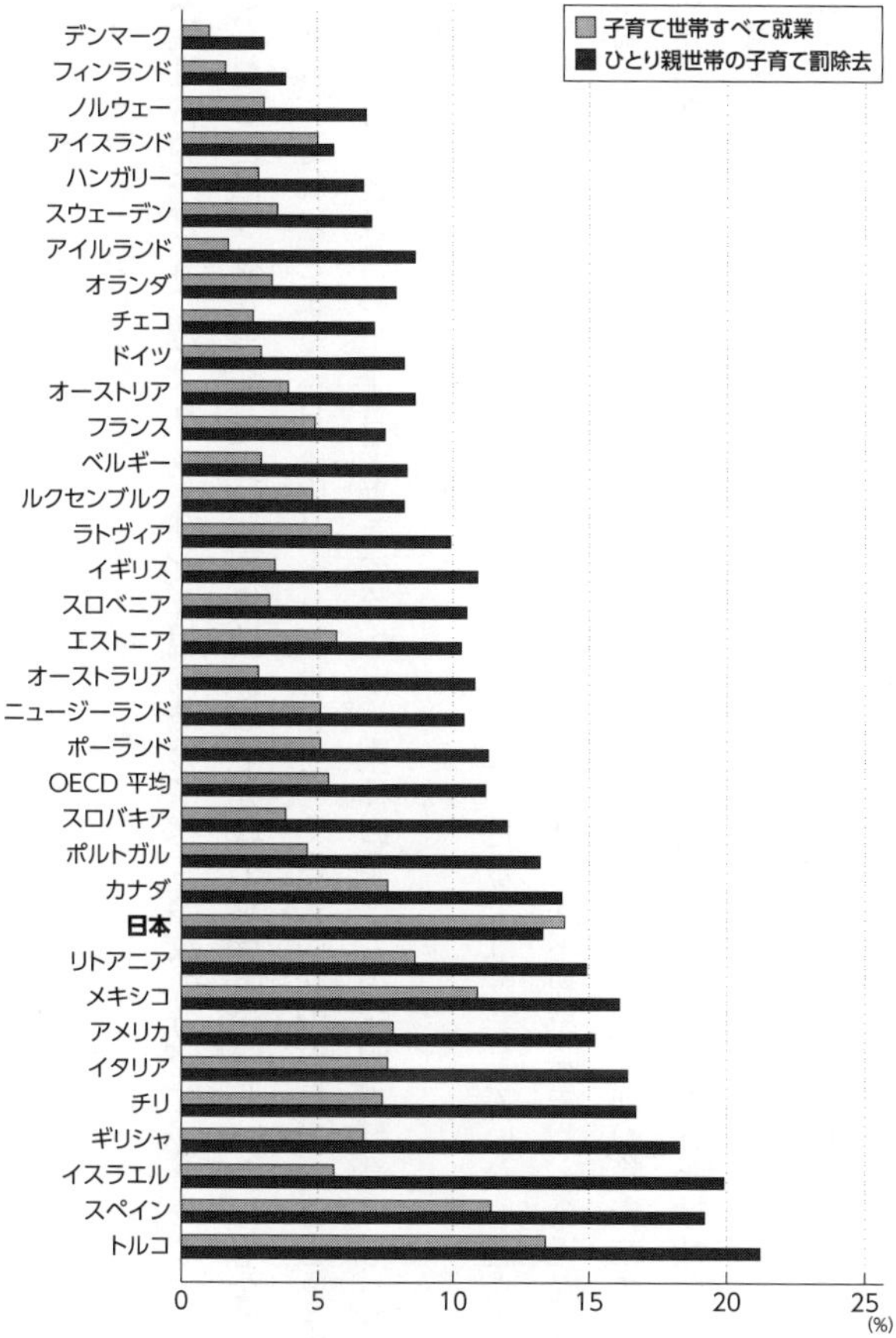

出典：Thévenon, O. et al. (2018), p.70 Table4 より桜井作成

他のどの国においても貧困率軽減にもっとも効果的なのは⑥「子育て世帯全員就業」シナリオです。しかし驚くべきことに、日本だけは⑦「ひとり世帯の子育て罰除去」シナリオの方が、貧困削減効果が高くなっています（図2-5）。

2人親世帯の子どもの数よりも、ひとり親世帯の子どもの数の方がずっと少ないので、普通はこんなことにはなりません。ひとり親世帯の半分以上が貧困状態という日本ならではの傾向であり、それほどまでに日本のひとり親世帯をめぐる貧困状況がひどいともいえます。日本は、ひとり親世帯の「子育て罰」の除去が、全体の子どもの貧困率軽減にもっとも有効というきわめて特異な状況にあります。

一連のシミュレーション結果が示唆しているのは、日本では就業していない親を働かせる施策よりも、子育て世帯（とくにシングルマザー）の社会的不利を除去し、公正な社会構造へと整備する施策の方がよほど喫緊《きっきん》の課題ということです。「子育て罰の除去」による貧困改善効果が高いということは、それを放置している現状は、まさにその分だけ社会が子育て世帯を貧困にさせているのです。

「貧困の最大の処方箋は働くことである」というのは、個別事例としては理解できます。それまで貧困状態であった家庭が、お母さんが懸命に働くことで生活が上向くというストーリーは人びとの心情的にも受け入れられやすく、応援したくなります。けれども統計的な現実を見れば、懸命に働いているひとり親世帯の多くは貧困のままです。

国レベルのマクロな労働政策として「就労支援が貧困改善につながる」ということが〝真〟だと言えるのは、「働くと貧困にならない」というあたりまえが成り立つ「普通」の国においてのみです。働くことが貧困改善につながらない、それどころかむしろ貧困悪化をまねく日本は、そもそもこういった「普通」が成り立つ国ではありません。

◆日本政府が取る真逆の政策

働くことが貧困改善につながらない異様な国（日本）において、20年前から採用されている政策は、ひとり親世帯をさらに就労に追いやるワークフェア政策（仕事workと福祉welfareをくっつけてワークフェアworkfareといいます）でした。

２００２年「母子家庭等自立支援対策大綱」以降、「就労による自立支援」というスローガンのもと、経済的給付の厳格化（実質引き下げ）と就労支援の強化のセット政策が行われています[7]。

日本の貧困政策は、結果よりも過程に注ぎ込んだ予算・人員で評価するという不思議な仕組みがあります。ハローワークの職業紹介件数やキャリアカウンセリングなど「支援数・相談件数の増加」で政策の成果が評価されるのです。それらも重要かもしれませんが、ひとり親世帯の所得上昇や貧困率を具体的に改善させるといった当事者の受益や厚生の増加といった結果は重視されません。でも、窓口の相談件数を増やしても、それが人びとの貧困改善につながっていなければ無意味です。

日本は、伝統的に就労支援の強化や自立支援の充実に大きくウェイトを置いた政策展開をしてきました。貧困の根本的な問題はそこにはないにもかかわらずです。

そして、「働いているのに貧困／働いている方が貧困」という日本の特異性を逆手に取って「働いていないのにズルい」へと巧妙にズラした議論が横行します。これが、**生活保護バッシング**です[8]。そんなバッシングの声におされて生活保護の母子加算を廃止したり（民主党政権で復活）、最低賃金より生活保護費が高いと批判して大幅に生活保護費を引き下げたりしてきました。

就労している貧困者の存在を使って、無職の福祉受給者をバッシングするような世の中の風潮は、福祉を切り捨てたいと願う国家からしてみれば、これほど都合のよいものはありません。なにせ放っておいても人びとが勝手にお互いを憎み合ってくれるので、政治の不作為を隠すことができるからです。

しかし、これもあたりまえのことですが、働く貧困層の貧困に比べて福祉受給者の状況が多少マシだといって、福祉を利用している人びとを非難してそこの手当を削ったところで、ワーキングプアの貧困は解決しません。ともに沈むだけです。

２・４　本当に怠惰なのは誰か

日本において貧困をなくすための手段は、就労支援に固執するのではなくて、「子育て罰」をなくすことです。子どもを育てることの社会的不利をひとつひとつ精査して取り除くことが第一にすべきことといえます。

就労支援それ自体が悪いわけではありません。しかし、それが効果を生むのは、働くことが貧困脱却につながる普通の国でこそです（だからディーセント・ワーク：まともな仕事という考え方はとても大事です）。その最低条件を満たし、異常を正常な状態に戻してからでないと、**就労への〝支援〟は、貧困者（プア）を、働く貧困者（ワーキング・プア）へと誘導しているだけとなります**[9]。

そのような労働と社会保障に関する制度・政策自体のあり方を問わなければならなかった

にもかかわらず、それを怠り続けた日本社会のツケを、ひとり親世帯はいまなお一身に背負わされ続けています。

本当に怠惰なのは誰で、依存しているのはどちらでしょうか？

本章では「就労支援」と「子育て罰の除去」という主に社会政策における国際比較の観点から、子どもの貧困の削減策について取り上げました。**繰り返しますが、貧困は社会的に軽減することが可能です。だからこそ政治の役割はとても重要です。**

ジェンダー平等で育児差別もない雇用慣行、正規・非正規の待遇格差の是正（同一労働同一賃金）はもちろんのこと、良質の公営住宅・公的住宅手当といった住宅政策や、安心して子どもを預けられる保育施設の整備といった保育政策、なにより就労の有無にかかわらず貧困に陥らない社会保障制度、他にも税制や家族政策、等々。

貧困削減にはそれら総合的な政策対応が必要です。そのどれもがあまりに不十分で貧弱な現状では、そういった「貧困な」社会の構造こそが、まず先に是正されなければならないと言えるでしょう。

◆働き方を変えると「子育て罰」が減る

本章では取り上げられなかったのですが、最後に大切な論点を指摘しておきたいと思います。それは「貧困」や「子育て罰」を削減するのに必要なのは政治だけではなく、その責任は「われわれ」大人ひとりひとりの側にもあるという点です。

本章冒頭で述べたように、もともと「子育て罰」（チャイルド・ペナルティ）は母親と非母親の間にある賃金格差を説明する経済学の用語でした。この賃金格差というのは、政治の影響だけで決まるものではありません。政治以外の要因——一般社会の慣習とか人びとの意識とかが与える影響——だってずっと大きいのです。

たとえば、日本の残業・時間外労働による長時間労働は、「子育て罰」として十分に作用します。子育てをしていれば、そのような働き方ができないからです。他にも、例えば夕方5時から始まるミーティングや、飲み会文化（子育てしているとほとんど出席できない）は、子育て中の働き手を重要なプロジェクトや責任ある立場から諦めさせる要因になります（これをマミー・トラックといいます）。

このような働き方は、実はそれをこなせる特権的な「何か」を運よく所有していた人だけが可能です。その「何か」は「専業主婦の奥さん」や「子どもを預けられる近くの実家」かもしれませんし、「ベビーシッターを頼める財力」や「体力・気力が人一倍ある」だってそうです。裏を返せば、それらを持てなかった人びとは脱落していきます。

　このような働き方・人びとの日常が、めぐりめぐって「子育て罰社会」を作り上げていきます。そうした「子育て罰社会」は、間接的に貧困をより強固で固定的なものにさせます。右にあげた働き方が、いかにジェンダー不平等的で、実家に頼れないシングルマザーにとってどれほど現実的でないかを想像すればわかると思います。

　その意味で「子育て罰」を放置させているのは、実は政治だけでなく私たちの社会全体といえます。私たちは気がつかないうちに、自ら（と所属する組織）の働き方を通して、「子育て罰」の片棒を担いでいるのかもしれません。そうして立場の弱い誰かに見えないコストをしわ寄せして、しかし、次世代の労働力である子どもが育つことで得られる社会的利益にはタダ乗りしているのです。

　でも、それは政治や諸制度と同じように、やはり変えることができるものです。人びとの働き方は、私たちの社会を映し出す鏡です。「子育て罰」的でない社会のあり方、私たちのあり方を、どうぞ一緒に考えていただきたいと思います[10]。

1　大沢真理,2015,「日本の社会政策は就業や育児を罰している」『家族社会学研究』第27巻第1号 pp.24–35
この論文では、日本の税・社会保障制度が貧困削減に有効に機能していない（逆機能）点を、貧困削減率の国際比較の観点から実証しています。→「子どもを生み育て、世帯として目いっぱい就業することが、税・社会保障制度によっていわば罰を受けているのである」p.33

2　「〇〇の貧困」というある特定の集団をカテゴライズして強調する手法は、本来とても危険なものです。特定の対象の貧困を強調することで、他の貧困が見えなくなってしまうからです（「子どもの貧困」が「親の貧困」を見えなくしたように）。本章ではとくに「ひとり親（シングルマザー）の貧困」を取り上げますが、母子家庭に限らず父子家庭や父母以外の養育者の家庭もあります。そもそも日本においては、ひとり親世帯は経済的にもっとも困難な状況に置かれていますが、だからといって2人親世帯（の子ども）が安泰なわけでもありません。単純な人数で考えると、「子どもの貧困」に占める割合は、2人親世帯の子どもの方が大きいです（阿部彩・鈴木大介,2018,『貧困を救えない国 日本』ＰＨＰ新書 pp.35–40）。そうした貧困のカテゴリ化による弊害を乗り越える期待も込めて、「子どもの貧困」に「子育て罰」という見方を提示するのも本章の目的の1つです。

3　Thévenon, O. et al. (2018), Child poverty in the OECD: Trends, determinants and policies to tackle it, *OECD Social, Employment and Migration Working Papers*, No. 218, OECD Publishing, Paris. https://doi.org/10.1787/c69de229-en

4　*Ibid.*, pp.66–72.「4・2節 Raising parental employment: what effect on child poverty?」を参照しています。

5　ワーキングペーパーの分析は、"child penalty"を導き出すために、子育て世帯と子どものいない世帯との貧困率を統制してシミュレーションしています（ひとり親世帯と独身世帯、子どものいる2人親世帯と子どものいない2人世帯など）。先のシナリオ①のシミュレーションでも同じですが、非就業世帯が就業することで全体の貧困ラインが変動する可能性や、現在の非就業者の属性上の不利（教育水準やスキル）については考慮されておらず、おおまかな推定である点は留意が必要です（*Ibid*., pp.66–67.）。

6　Andresen, M. E., & Nix, E.（2019）. What causes the child penalty? Evidence from same sex couples and policy reforms. Discussion Papers, No.902, Statistics Norway, Research Department, Oslo

7　桜井啓太,2015,「母子世帯の貧困と支援施策」、埋橋孝文・大塩まゆみ・居神浩編著『子どもの貧困／不利／困難を考えるII―社会的支援をめぐる政策的アプローチ』ミネルヴァ書房

8　桜井啓太,2020,「福祉依存批判による生活保護バッシングと自立支援の展開」、広瀬義徳・桜井啓太編2020,『自立へ追い立てられる社会』インパクト出版会

9　桜井啓太,2017,『〈自立支援〉の社会保障を問う――生活保護・最低賃金・ワーキングプア』法律文化社第1章。

10　広瀬義徳・桜井啓太編,2020,『自立へ追い立てられる社会』インパクト出版会
本書ではそうした社会、私たちのあり方について考えを深めています。

本章は2019年にSYNODOSに掲載された「〝子育て罰〟を受ける国、日本のひとり親と貧困」を大幅に補筆修正したものです。

column

新型コロナ禍で悪化した「子育て罰」

桜井啓太

２０１９年12月、世界で最初にCOVID−19感染者が確認されて以来、新型コロナウイルス感染症（以下、「新型コロナ」）は世界の人びとの暮らしを一変させました。日本においても２０２０年１月に最初の感染が確認され、幾度にもわたって緊急事態宣言が発令されるなど、大人も子どもも深刻な影響を受けています。

震災やハリケーンなどの自然災害と同じく、ウイルスのパンデミックもまた、その災禍は人びとに「平等」に降り注ぐわけではないこともわかってきています。たとえば、アメリカにおいて新型コロナによる感染者数・死者数は、白人と黒人・ヒスパニックやアジア系などの有色人種の間では人口比で何倍も異なります。

もちろん、ウイルスが人種差別しているのではありません。そもそも医療アクセスが乏しい、サービス業などの感染リスクの高い職種に就いている割合が高い、密集した集合住宅で生活しているなど、有色人種の人びとへの社会経済的不平等が背景にあるといわれています。経済的に困窮した人びとにはステイホームする余裕などなく、それゆえに感染リスクを受け入れざるを得ないのです。

日本においても、新型コロナはとくに「女性」に大きな影響を及ぼしているといわれています。失業・休業などの雇用悪化は非正規雇用の割合が高い女性に直撃し、「女性不況」とも呼ばれています。加えて、新型コロナ禍による生活不安やストレス、外出自粛などの影響が女性への直接的な暴力（ＤＶ）にあらわれ、ＤＶ相談件数も顕著な増加が見られました。

子育て世帯への影響も明らかになっています。東京大学の山口慎太郎教授らのグループは、「コロナ禍効果が子育て女性に及ぼす影響」について、子どものいる有配偶女性と子どものいない有配偶女性を比較検証しました[1]。山口教授らのグループは、とくに２０２０年３月から政府が要請した全国一斉休校の影響に着目し、国の基幹統計（労働力調査）の個票データを用いて「コロナ禍効果」「休校効果」を分析しています。

分析の結果、子どものいる有配偶女性の方が、就業率が低下、休業率と非労働力

図2-6　「休校効果」子どものいる人と、いない人での「コロナ禍効果」の差

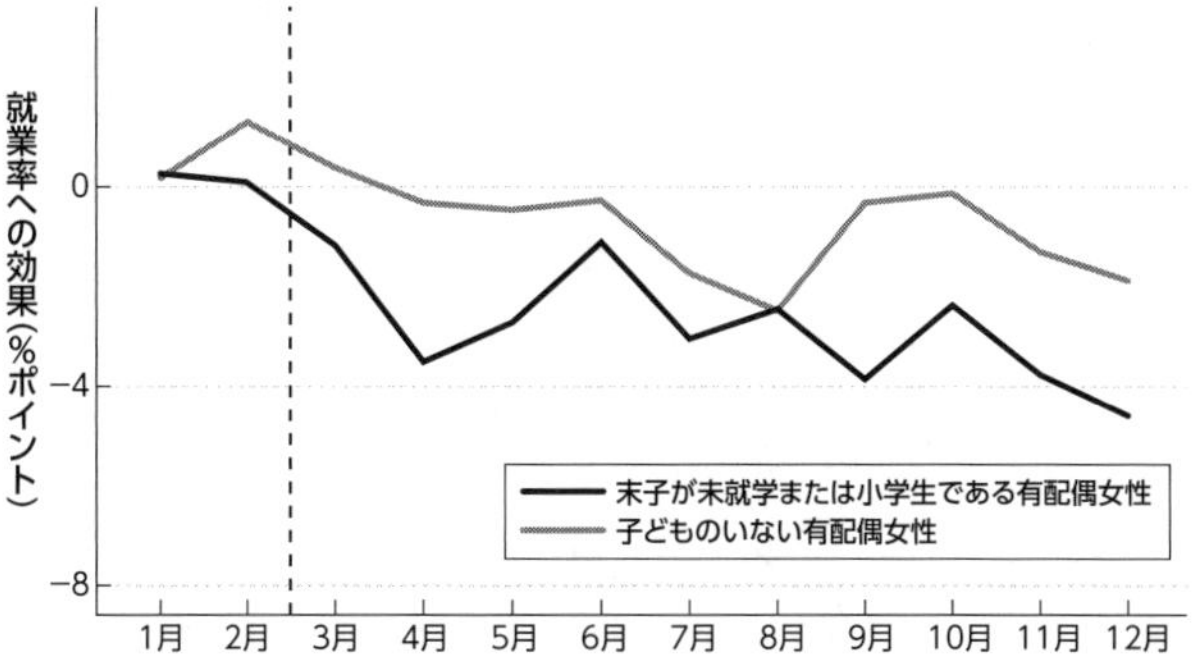

（注）学歴、年齢、地域、産業、職業、雇用形態の差は除去済み

図2-7　子どものいる人と、いない人でのコロナ禍効果の比較：非労働力率への効果

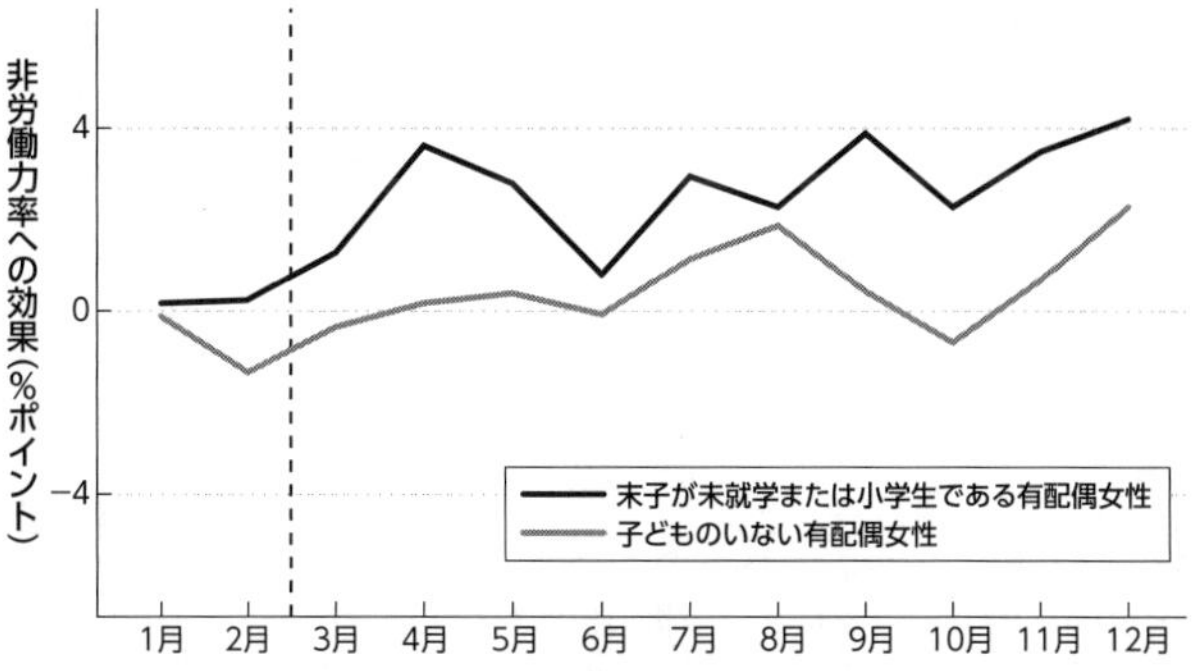

（注）学歴、年齢、地域、産業、職業、雇用形態の差は除去済み

出典：ともに山口慎太郎ら「コロナ下の子育て女性の就業状況（改訂版）」（2021）【コロナ下の女性への影響と課題に関する研究会 第11回 山口構成員資料】

化[2]した割合が上昇するなど、大きなマイナスの影響が出ていることがわかりました。**図2-6、2-7**のとおり、子どものいる有配偶女性の方が、子どものいない有配偶女性に比べて、就業率への効果が低く、非労動力率への効果が高いことがわかります。

新型コロナ禍によって仕事を続けられなくなり、休職や離職をする。それが子育て世帯の女性に偏っているという点では、これも新型コロナ禍が引き起こした「子育て罰」といえるかもしれません。

山口教授も委員として参加している「コロナ下の女性への影響と課題に関する研究会」（2020年9月～2021年4月。内閣府共同参画局が設置）の報告書によると、この「コロナ禍効果」の男女によるダメージの違いも顕著であり、同じく子どものいる有配偶者でも、男性は女性に比べて就業率などにほとんど影響を受けていないとされています。

コロナ禍における家事・育児に対する男女の負担の差も顕著です。内閣府調査によると緊急事態宣言中の不安やストレスについて小3以下の子どもがいる男女を比べたところ、「家事・育児・介護の負担が大きすぎると感じた」と答えた割合は、男性19・8％に対して女性37・5％でした。今後の家事について「配偶者にもっと家事をしてほしい」と答えた割合は、男性15・9％に対して女性32・1％、「配偶者にもっと子どもの世話をしてほしい」と答えた割合は、男性14・6％に対して女性35・5％となっており、家事・育児・介護のケア負担を男性と女性のどちらが多く担っていたのかは明らかです。

予測できないパンデミックによる不況や失業の増加、感染拡大への政策対応（緊急事態宣言）自体をゼロにすることは不可能かもしれません。しかし、問題はそれらのダメージが、ジェンダー不平等的で、子育て世帯の女性に多くの負担を強いるものになっているという現実でしょう。それはパンデミックという緊急時以前から、ジェンダー不平等な雇用、女性に不利な働き方、家事・育児・介護のケア負担をおしつけていたことが新型コロナ禍によってあらわになり、それがさらに加速したのです。

もし「子育て罰」のない社会、ジェンダー平等な雇用に、女性ばかりにケアを担わせない家族規範、それらを支える十分な社会制度があれば、状況はずいぶん違ったはずです。日ごろから体調不良などで子どもが学校を休むとき、そのケアのために父親が会社を休むことがもっともっとあたりまえであったならば、緊急事態宣言、休校措置の痛みだって違ったでしょう（それでも一斉休校の子育て世帯へのショックは相当なものなので、政治は影響を十分考慮すべきです）。そのうえで、負担を補償するような方策を全力で考えるべきだったといえます。

そうしたジェンダー平等で、子育て世帯に不利をおしつけない社会こそが、ポストコロナ時代の目指すべき社会像でしょう。

参考：『コロナ下の女性への影響と課題に関する研究会報告書　～誰一人取り残さないポストコロナの社会へ～』（令和3年4月28日）男女共同参画局

1　池田将人・川口大司・深井太洋・山口慎太郎「コロナ下の子育て女性の就業状況（改訂版）」2021年4月22日 コロナ下の女性への影響と課題に関する研究会 第11回資料

2　非労働力：現に就業しておらず職探しもしていない状態。離職しても求職中であれば「失業」に分類されるが、事情（家事、育児など含む）により求職していなければ「非労働」という扱いになる。

第3章

「子育て罰大国」はどのようにして生まれたか

末冨 芳

第2章で桜井さんがわかりやすく整理してくださったように、本書では「子育て罰」を次の広い意味に位置づけています。

子育て罰：社会のあらゆる場面で、まるで子育てすること自体に罰を与えるかのような政治、制度、社会慣行、人びとの意識。

本章では、日本が子育てする親に罰を与える社会になってしまった理由を、様々な分野の研究を通して読み解いていきます。私の専門は子育て政策ではありませんが、桜井さんによる「子育て罰」という言葉に初めて出会ったときに、はっとしました。研究や大学教員としての経験を通じて、多額の教育費に苦しんでいる親たちに出会ってきたからです。

日本の親は、多額の教育費を子どもにかけなければ、大学・専修学校まで進学させることができません。そのために働き続けることに疲れ果てている人や、中にはストレスを虐待という形で子どもたちにぶつけてしまう人もいました。子どもが生まれてから22年間、場合によってはそれ以上の期間、教育費を負担し続けなければならない社会の中で、それに苦しむ保護者も「子育て罰」の犠牲者ではないかと感じたのです。

子どもの教育費は親だけの責任なのでしょうか。国際的に見て、日本の家計教育費負担はとても高額です。そして、教育費を親が負担する「親負担ルール」は、日本を含む東アジアなど、一部の国の現象にすぎません。北欧を中心に、政府が公教育費を多く支出することによって、教育費の親負担や子ども本人による負担がない、あるいは少額の国は多くあります。

教育学、とくに教育社会学の分野では、なぜ教育費の「親負担ルール」が日本に登場し、親の教育費負担がここまで重い社会になってしまったのか、そしてそれは変えられるのか、というテーマに取り組んできました。

また、家族社会学や児童学・子ども学などの領域においては、子どもという存在の意味が時代や社会によって変わることが指摘されています。現代社会においては、家族や家族の中に隠されてきた女性差別と社会からの排除が、母親と子どもを「密室育児」と呼ばれる状況に陥れ、子どもを育てづらい社会にしてきたことがすでに明らかになっています。現代日本を「子どもが忌避される時代」と指摘する論者もいます[1]。

本章では、教育学、家族社会学、子ども学などの社会科学の研究を用いながら、「子育て罰」はなぜ、どのように日本社会に出現してきたかを整理します。また、補助線として、私自身の専門である教育費・教育財政問題に関する研究を利用していきます。

3・1　子育て罰社会の治療法

「子どもが忌避される」時代と社会の中で、「子育て罰」を日本からなくすために必要な治療法は、大人の側へのケアや労《いたわ》りです。

ケアや労りは子育てする親に対してとくに必要です。しかし、子どもや赤ちゃんのような社会でもっとも弱く、それゆえに大切にしなければならないはずの存在を、大切に思えない大人に対しても必要なのです。

私には、子どもがまだ小さかったころに、ベビーカーを蹴られた経験が2回あります。長女のときは新宿駅で男性に、次女のときは下北沢駅で、蹴ってきたのは女性でした。そのときはとても怖い思いをしましたし、2回とも大きなショックを受けました。

しかし、このようにも思いました。彼も、彼女も、きっとつらい人生を送ってこられた方なのだと。大人がつらい目にあう社会であればこそ、赤ちゃんやそれをケアする母親というもっとも弱い、しかし幸せそうに見えるターゲットに、ストレスや怒りをぶつけてしまうのかもしれません。

強く自立した個人こそが偉い、弱い人間は役に立たないからダメ。そのような経済効率重視の発想に、この社会は染まっています。このようにお互いに傷つけ合い、排除し合う社会では、女性／男性、高齢者／現役世代、一般国民／上級国民など、あらゆる社会集団同士がお互いに冷たくしたり攻撃し合ったりします。残念ながら、いまの日本は、そうした冷たく厳しい、そして悲しい社会です。厳しいのは、子育て世代に対してだけではないのです。

この章を通じて考えていきたいのは、「子育て罰」を子どもや親に与えてしまう社会から、子どもや子育てする親にあたたかい社会に、どのようにしたら変われるかということです。つまり、「子育て罰社会の治療法」です。

◆低所得の親も子どもの教育費を大学まで負担

私自身が、現代の日本で「子育て罰」に苦しんでいる人びとと出会ったのは「日本では親はなぜ子どもに多額の教育費をかけるのか」を調べるための、教育費スポンサーとしての保護者モデルの研究を通じてでした。

日本の研究者たちは、子の教育費を親が負担することをあたりまえと考える日本社会の慣行を「教育費親負担ルール」と呼んでいます[2]。近隣では、韓国も似た状況です。

では、親は子どものために喜んで、教育費負担をしているのでしょうか。大学にかかる教育費はとくに高額です。２０２０年現在、私立大学に通う子どもにかかる平均的な金額は、年間１３４万円にものぼります[3]。

「平成30年度文部科学白書」でも「子供二人が私立大学に通っている場合は、勤労世帯の平均可処分所得の２分の１近くを教育費が占めており、大学段階の教育費負担が大きいことが分かります。家庭の経済状況にかかわらず、誰もが安心して教育を受けることができる環境を整えることが重要です」（Ｐ１８９）と指摘されるほど、とくに大学教育費の親負担は重いのです[4]。

図3―1は、同白書に掲載された、子ども２人を大学に通わせている家計のシミュレーションです。平均可処分所得の２〜３割で推移していた教育費が、第１子の大学入学を期に跳ね上がっています。第２子が下宿をして大学進学をするシナリオだと、可処分所得のなんと86％が教育費に消えていきます。「低所得層でも、ほとんどの親は、一部であれ、学費を負担しようとしている」のが日本の健気な親たちなのです[5]。

もちろん、すべてを親が払いきれない家庭もあります。日本学生支援機構などの奨学金を

図3-1　家計における教育費負担

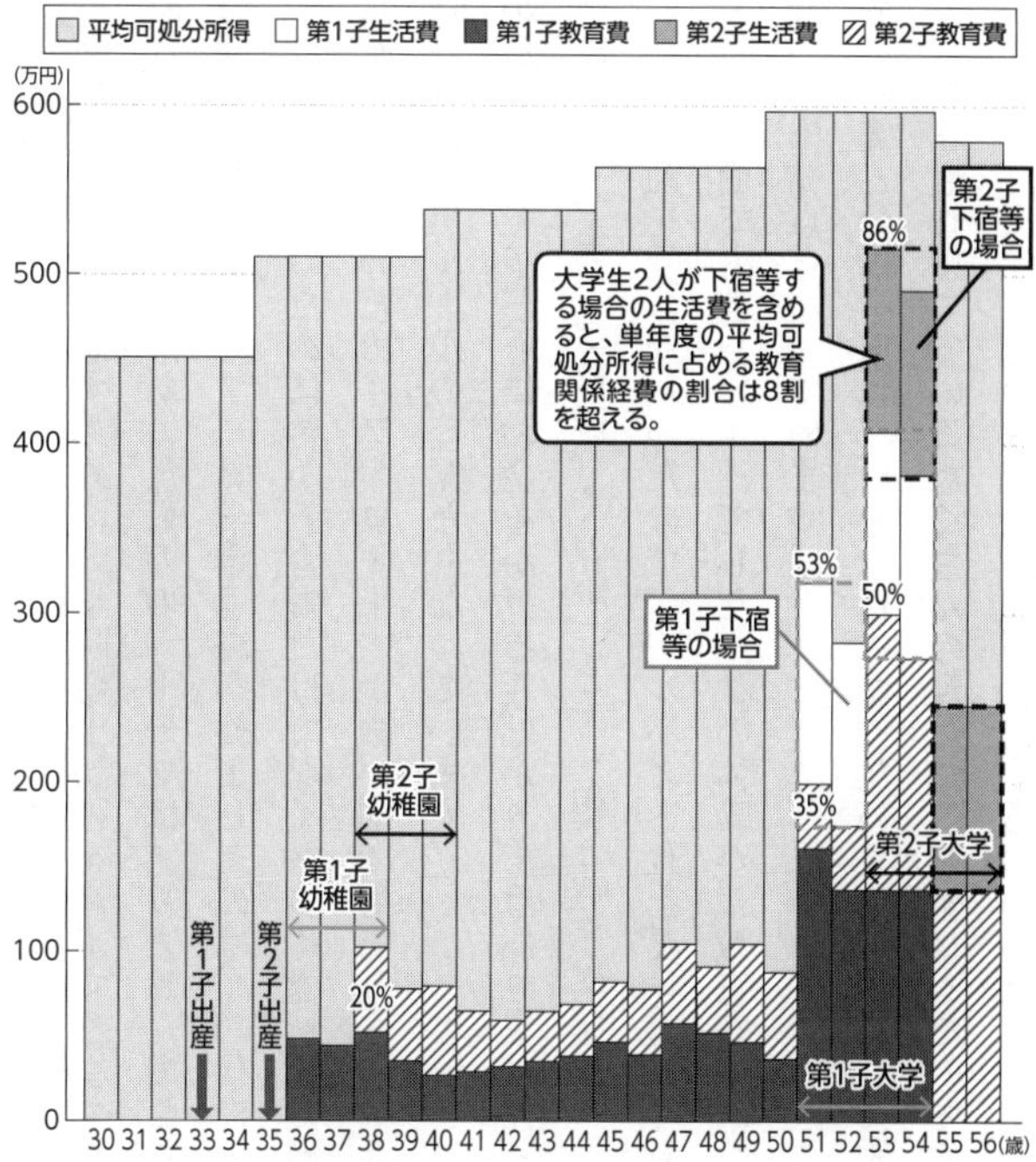

（注）1. 33歳で第1子、35歳で第2子を出産と想定。
2. 教育費負担：幼稚園は私立、小・中・高は公立の場合の学習費総額（学校教育費、学校給食費および学校外活動費の合計）
大学は私立大学昼間部の居住形態によらない平均の学費（授業料、その他の学校納付金、修学費、課外活動費、通学費の合計）に加え、大学１年生のみ入学金を追加
生活費負担：私立大学昼間部の下宿・アパート等の居住形態の場合の生活費（食費、住居・光熱費、保健衛生費、娯楽・し好費、その他の日常費の合計）
可処分所得：２人以上の勤労者世帯。世帯主の年齢階級別１世帯あたり１か月の可処分所得を年換算。
3. 本データは１つの試算であり、貯蓄や教育ローン等の活用は考慮していない。

出典：文部科学省「平成30年度文部科学白書」（2018）

借りて大学進学する学生はいまや3割を超えています。

私自身も、研究者を志すために大学院博士課程を修了するまで奨学金を利用していました。学部時代は親の仕送りはあったものの、十分ではありませんでした。母が病気で、家計が苦しい時期が長かったのです。奨学金返済が終了したのは、40代に入ってからです。

日本は、子どものために親が教育費だけでなくケアや愛情をたっぷりかけるのが良いこととされる「子どものためイデオロギー」が強い国でもあります。このことが、教育費負担を親に強いる親負担ルールの基盤ともなっています。

しかし、喜んで子どもにお金をかける親ばかりではありません。私自身、大学院に進学するときに、「いつまで学校に行くのか」と言う親と喧嘩になりました。大学院時代は親から一切の金銭援助を受けなかったので、アルバイト代と奨学金でやりくりせねばならず、金銭面でも時間の面でも苦しい生活でした。この体験が「教育費スポンサーとしての保護者モデル研究」の出発点となっています。

でも、研究と分析を重ね、自分も親になったいまならわかります。私の親も「親負担ルール」に苦しみ疲れ果てているたくさんの親たちの一組だったのです。子どもは親が育てるのがあたりまえ、大学までの教育費は親が負担するのがあたりまえ。そんな「あたりまえ」を社会におしつけられ、「あたりまえ」ができないことを誰にも相談できずに苦しむ親たちが多くいます。そうした状況を研究者として理解しているからこそ、日本の政治や社会が子どもと親に「子育て罰」を課していると感じているのです。

◆教育は「投資」か「消費」か

経済学分野では、子どもに教育費をかけることが親にとって「投資」であるか「消費」であるか、２つの考え方が理論的な主流となってきました[6]。

前者の教育を「投資」とする考え方は、１９６０年代以降の経済学で急速に発展しました。これは「人的資本論」、簡単にいうと「良い学歴を得れば高い賃金を得られる、よって政府や家計は教育費に投資すべき」という考え方にもとづいています。より良い人材を育成すれば、国の経済が成長したり税収が増えたりすると考え、政府は「人的資本論」に基づいて教育に投資をします。親にとっても、子どもに教育費をかけ、よく稼ぐ大人になれば老後の面倒や介護費用を出してもらえる確率は高まるかもしれません。

一方、後者の教育を「消費」とする考え方は、１９９２年にノーベル経済学賞を受賞したシカゴ大学のゲーリー・ベッカー教授が提唱しました。これは、「親は子ども（家族）が消費をすることで自分の満足度（効用）を拡大させることができる」とした「利他主義（Altruism）モデル」です[7]。

現代社会では、親が子どもの消費する姿を見て楽しむ場合も多いでしょう。おいしいものを食べて喜ぶ子ども、かわいい服を着ている子ども、スポーツの大会や発表会で活躍する子ども、志望校に合格して生き生きと学ぶ子ども。どれも親の心には、他の消費行動と比較して得難い満足感（効用）をもたらすことは確かです[8]。

子ども自身の人生に対しては、確かに教育費は「投資」として機能していました。大卒は高卒と比較して高い賃金に結び付く場合が多く、女子の場合は高学歴で高所得を稼ぐ確率の高い婚姻パートナーとの出会いの場でもあったため、世帯所得の向上・安定などに結び付きやすかったからです[9]。

しかし、これは男性が健康で60歳まで働き続け、女性は専業主婦として安定した婚姻関係を維持するといった、１９９０年ごろまでの終身雇用制度が前提です。収益率とは高卒と比較した場合の大卒賃金から算出されます。現代では非正規雇用が男性にも大卒にも拡大していますし、正規雇用者の平均賃金もずっと上がっていません。つまり、大卒でも賃金メリットを意識できない人が多いのです。

また、現代の親は、老後の生活を子どもにみてもらおうと思っていません。内閣府の令和2年『高齢社会白書』では、55歳以上の回答者のうち介護費用について「子などの家族・親戚からの経済的な援助を受けることになると思う」と回答した人は3・2%にすぎませんでした[10]。

◆教育費は「贈与」か

では、親はなんのために教育費をかけているのでしょうか。文化人類学者の竹沢《たけざわ》尚《しょう》一郎《いちろう》氏が指摘する「親子のような見返りを求めない贈与」というイメージのように、教育費を含め、親は子どもに無償の愛やケアを提供し、何も見返りを求めないことがある種の理想だとされています[11]。

しかし、人類学や社会学の研究では、「贈与」もまた潜在的には子どもとの良好な親子関係や、親への尊敬など、リターンを追求する「贈与交換」としての性質があることも指摘されています。「かけてきた教育費の分、恩返しをしろ」という親と「恩返しのことなど考えず、自分の人生を生きなさい」と子どもに教育費の恩を着せない親と、子どもはどちらを尊敬するでしょうか。この考え方を整理したものが**図3-2**です。

◆子の教育費は良好な親子関係のための「保険」？

これらの仮説を検証するため、高校生・大学生の保護者に実施した調査の結果が図3－3です。「大学で4年過ごすこと自体が人生経験として貴重だ」「大学に行けばそれなりの実力がつく」などの回答に「そう思う」（とても＋やや）と回答した高校生・大学生保護者が、6～8割程度もいることがわかります。

子どもの人生経験のために投資し、成長を応援し、楽しみ、そして大学で学んで力をつけて社会で活躍してほしい。大学までの教育費を親自身のためではなく「子どものため」の「投資」「消費」としてとらえ、スポンサーとして支払っている健気な日本の親たちの姿が浮かんできます。

一方で、親に課せられた「子育て罰」の視点から重要なのは、「子どもを大学まで行かせるために苦労するのは親の喜びだ」「いずれ子どもの世話になるのだから大学の学費ぐらいは出すべきだ」に「そう思う」（とても＋やや）が高校生・大学生保護者でせいぜい3割未満しかいないことです。

現代日本の大学進学率は50％を超え、専修学校を入れると18歳人口の8割が高卒後に進学しています。子どもに教育費をかけることは「親の喜び」ではなく、もはやノルマです。

図3-2 投資・消費・贈与と教育費のリターン

	教育費の性格	保護者へのリターンの特徴	具体例
投資	子どもの労働市場での価値を上昇させるための訓練費用	金銭的利得	稼ぎの良い子どもからの高額の仕送り、保護者の老後の医療費、生活費等の子ども負担
消費	子どもの世間的評価を高める財・サービスの購入費	精神的効用	おけいこ事をならわせる楽しみ、塾での成績上昇のよろこび、わが子の有名校合格の自慢
贈与	子どもへの一方向的移転	精神的効用	子どもから保護者への尊敬、良好な家族関係

図3-3 保護者の教育費に関する意識（単純集計）

	高校生保護者 N=158		大学生保護者 N=446	
	とてもそう思う、ややそう思う(%)	N. A.(%)	とてもそう思う、ややそう思う(%)	N. A.(%)
大学で4年過ごすこと自体が人生経験として貴重だ	84.2	2.5	87.3	3.4
大学に行けばそれなりの実力がつく	64.5	2.5	58.8	4.0
大学を卒業すると子どもの将来の投資になる	53.8	2.5	43.7	5.4
高卒で不満足な就職をするぐらいなら大学へ行ったほうがいい	53.8	2.5	42.3	3.6
今時、普通の子ならば大学へ行くのは当たり前だ	45.6	1.9	28.3	3.4
大学進学は、本人に能力があることの証明になる	38.6	3.2	31.6	3.4
この大学（高校生：有名な大学）に行けば他の人からうらやましがられる	38.6	3.8	12.8	5.6
子どもを大学に行かせるのは遺産相続の一種のようなものだ	34.2	3.8	19.7	3.4
子どもを大学へ行かせるために苦労するのは親の喜びだ	26.0	2.5	28.5	3.4
いずれ子どもの世話になるのだから大学の学費ぐらい出すべきだ	13.3	3.8	5.2	3.4

※肯定的回答率は、N.A.を除いた有効回答数を100%としている。

出典：末冨芳『教育費の政治経済学』P.139（図3-2）、P.144（図3-3）（2010）

この共同研究のメンバーとして、親の自由記述部分を担当された教育社会学研究者の濱名《はまな》篤《あつし》関西国際大学学長は、子どもを産んだからには、大学まで行かせるのは「仕方がないと自分自身に言い聞かせ」「後々子どもに後悔されると親として一生涯の『負』を背負っていく」といった回答をした親が一定数いた点が特徴的だと指摘しておられます[12]。

このように、きわめてネガティブな意識とともに教育費投入を行う保護者もいるのです。労働や賃金の問題だけでなく、大学卒業まで最低22年間の教育費や子育て費用を支払い続けねばならないことも「子育て罰」なのではないか。後にそう考えるきっかけとなった重要な分析でした。これらの回答を含め分析をすると、「投資」「消費」「贈与」以外の動機にもとづいて、仕方なく教育費を子どもにかけるスポンサーとしての親の姿が浮かんできます。

子どもに恨まれないため、親子関係の悪化といったネガティブなリターンを避けるために、「仕方なく」「保険」として子どもに教育費をかける親もいるのではないか、というのが私の研究で指摘した可能性の1つです[13]。

多変量解析の結果からは、高校生・大学生の保護者は、教育費を「投資」「消費」「贈与」のすべての意識を持つ「子ども思いの利己主義者」と、それらの意識がまったく確認できない「生ける財布」とに分かれました（**図3−4**）。そして、それらの意識には親自身の所得や

図3-4　子の教育費は親の「保険」？

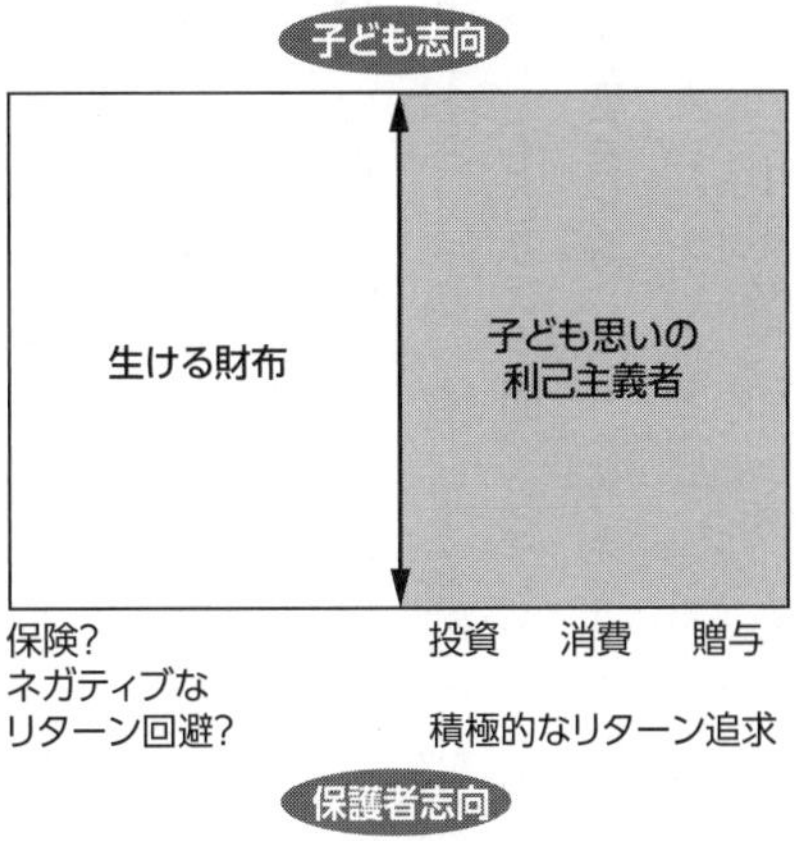

出典：末冨芳『教育費の政治経済学』P.157（2010）

学歴が大きな影響を及ぼしているとは断言できないことも明らかになりました。

つまり、親自身が高卒でも大卒でも、低所得層でも高所得層でも、子どもの大学までの教育費を「仕方なく」「保険」として支払っている親は日本にいるということになります。

この研究自体は２００４年とかなり前に公表されたものですが、大学までの教育費を「親の喜び」と感じる親は増加していないと考えています。消費税増税、大学授業料の増額、そして大学での給付型奨学金や授業料免除は低所得層に限定されていることも影響し、中・高所得層の親にとっても、子どもを大学まで行かせることは年々、苦しくなっているからです。

多額の教育費のために働き続けないといけない日本の親は、子ども自身にそのつらさを愚痴とともにぶつけてしまったり、子どもが進学を望んだときに「お前を大学に行かせるお金はない」などとネガティブな感情をあらわにしてしまうことがあります。時には「親のいうことを聞かないなら授業料は出さない」など、経済的虐待の要因になることすらあるのです。

　こうした家庭は、低所得層に限らず、中所得層や、子ども数の多い高所得層でも発生することがあります。教育費問題の研究者である私は、親の所得や学歴にかかわらず「子育て罰社会」で苦しむ家族の深刻な相談をいくつも受けてきています。

　山田昌弘中央大学教授は著書『日本の少子化対策はなぜ失敗したのか？』において、日本人はもともとリスク回避思考が高いと指摘しています。現代の若者は、子どもにかかる膨大な教育費を視野に入れたうえで結婚や出産を考えており、中には「子どもにつらい思いをさせたくない」という理由で「奨学金返済がある相手とは結婚しない」とまで考えている人もいます[14]。山田教授は、こうした若い世代の意識が少子化の要因だと把握しておられ、私もこの考え方を支持しています。私の周囲にも、奨学金返済が残っているために、結婚を選択しない、できない人たちがいます。

　政府からの支援は限られており、子どもたちの教育費のために苦労を続ける親たち。親世代に課せられたこうした「子育て罰」をリアルに観察してきた子ども世代が、「子育て罰」を避けるために結婚しない、子どもをもたないという選択をしているのだとすれば、それは合理的な行動だともとらえられるのです。

３・２「公的領域」から追い出されてきた子どもと女性

しかし、日本がずっと「子育て罰」を子どもと親に課す冷たく厳しい社会だったかというと、そうではありません。

児童学者の本《ほん》田《だ》和《ます》子《こ》お茶の水女子大学名誉教授は、子どもたちを徹底的に客体として分析した比類のない研究者でもあります。子どもたちへの愛情が基盤にあればこそ、冷徹といって良いほどの丹念な分析と記述により、子どもがなぜ日本社会で嫌われるようになったのかを緻密に描き出してこられました。著書『子どもが忌避される時代―なぜ子どもは生まれにくくなったのか―』において、「子どもが忌避される社会」の出現は、子どもを親の子育てという私的領域に押し込み、公的領域から追い出してきたことに由来すると指摘しておられます[15]。

これは、日本の近現代の中で女性が公的領域から排除されてきたことと同時進行で起きてきたことなのです[16]。

第1章で、私は「子育て罰」の正体を次のように定義しました。

「子育て罰」の正体：親、とくに母親に育児やケアの責任を押し付け、父親の育児参加を許さず、教育費の責任も親だけに負わせてきた、日本社会のありようそのもの。

日本社会がこうなってしまった理由について、本田教授は日本の急ぎすぎた発展の「負の遺産」であると指摘しています。以下、本田教授の議論を整理しつつ、家族社会学、子ども学等の研究を参照しながら、いかにして子どもが公的領域から追い出され、子育てが親だけの責任となったのか、そして、人びとが子育てする親に冷たく厳しい意識や行動をするようになったのかを見ていきます。

◆明治初期の日本は「子ども天国」だった

現代の日本人は驚くでしょうが、明治初期、日本は子どもにやさしい社会であったようです。当時日本を訪れた欧米人の宣教師や研究者たちがそのように記述しています[17]。

大森貝塚の発見で知られる東京大学教授・エドワード・シルヴェスター・モースは、１８７７（明治10）年から１８８３（明治16）年に日本に滞在し、膨大なスケッチと記録を残しています。モースの見た日本の子どもたちの様子は次のようなものでした。

> 私は、日本が子供の天国であることを、繰り返さざるを得ない。世界中で日本ほど子供が親切に取り扱われ、そして子供のために深い注意が払われる国は無い。ニコニコしているところから判断すると、子供たちは朝から晩まで幸福であるらしい。彼等は朝早く学校へ行くか、家庭にて両親を、その家の家内《ママ》的の仕事で手伝うか、父親と一緒に職業をしたり、店番をしたりする。彼等は満足して幸福そうに働き、私は今迄に、すねている子や身体的な刑罰は見たことがない。
>
> （エドワード・シルヴェスター・モース著・石川欣一訳『日本その日その日』第2巻Ｐ69）

また、**図3-5**は１８７６（明治９）年、記録画家として日本を訪れたフェリックス・レガメが描いた、明治日本の子どもたちと大人たちの様子です。大人も子どももなごやかに集う、とてもほほえましい場面です。

１８７８（明治11）年の６～９月に日本を訪れた作家のイザベラ・バードも、日光で出会った日本人について「私は、これほど自分の子どもをかわいがる人々を見たことがない」と絶賛しています。

> 子どもを抱いたり、背負ったり、歩くときは手をとり、子どもの遊戯をじっと見ていたり、参加したり、いつも新しい玩具をくれてやり、遠足や祭りに連れて行き、子どもがいないといつもつまらなそうである。他人の子どもに対しても、適度に愛情をもって世話をしてやる。父も母も、自分の子に誇りを持っている。見て非常におもしろいのは、毎朝六時ごろ、十二人か十四人の男たちが低い塀の下に集まって腰を下ろしているが、みな自分の腕の中に二歳にもならぬ子どもを抱いて、可愛がったり、一緒に遊んだり、自分の子どもの体格と知恵を見せびらかしていることである。その様子から判断すると、この朝の集会では、子どものことが主要な話題となっているらしい。

図3-5 明治時代の大人たち子どもたちの様子

出典：フェリックス・レガメ『明治日本写生帖』(1899)

（イザベラ・バード著・高梨健吉訳『日本奥地紀行』P131）

明治期日本には、いまとまったく異なる子育ての光景が広がっていました。男性（父親）も子どもたちと一緒に集まっておしゃべりを楽しんだり、遊びを通じて親が子どもにルールを修得させたり、子どもたち同士の間で問題解決をする風景があったのです。

明治時代の日光は、ある程度裕福で安全が保たれており、外国人を歓迎するだけの余裕があるコミュニティだったという背景もあります。バードの著書でも、別の地域について、清潔さに問題があったり、嘘をついたり、裸に近い恰好で暮らしていたりすること、男子の方が女子より大切にされる習慣などに対し批判的な記述もあります。それでも「日本人は子どもに対して全く強い愛情を持っている」「私は日本の子どもたちがとても好きだ」など、子どもに対する日本人の態度を一貫して好意的に記述している点は注目に値するでしょう[18]。

しかし、21世紀の日本は、「子どもをこれほどかわいがる人びと」に出会うことすら難しく、「子ども天国」とはおよそかけ離れた「子育て罰」を親も子も受ける社会になってしまっています。児童虐待件数が毎年過去最高を記録し、さらに新型コロナ禍の中で置き去りにされた子どもと若者の自殺件数は過去最高となりました。明治から1世紀半の時が過ぎたいま、日本は子どもと親に冷たい方向に退化してしまったようです。

本田教授は前出の書籍の中で、以下のように指摘しています。

ここ百年余りの我が国における「子どもをめぐる心性」の変化に、改めておどろかされるのではないか。なぜならかつて異国の人々を瞠目させた「子ども好き」の民族がその特質を喪失してしまったらしいのだから。しかも、単に失っただけではなく、他国と比べて「子ども嫌い」の目立つ、そしてそのゆえに女性たちが子育てに難渋する国のひとつに成り代わってしまったらしいのだから。

（本田和子著『子どもが忌避される時代—なぜ子どもは生まれにくくなったのか—』P10）

◆近代家族・性別分業と子どもの「公的領域」からの排除

「子ども天国」だった日本社会から「子育て罰」を親子に課する日本社会への変貌は、どのように起きたのでしょうか。アカデミックにいえば、子どもを「公的領域」から排除し、親を子育てという私的領域に押し込めてきた経緯は、次のように概観できます。

近代以前の日本では、女性は社会的活動の主体であり労働者でもあり「家」のマネージャーとしてもかなりの独立性を有し、「公的領域」での役割を果たしてきました[19]。それが近代化のプロセスにおける性別分業の進展と近代学校教育制度の発達の中で、その役割を母親・家事を担う主婦へと縮小されました。同時に、子どもは地域コミュニティ（村落）の異年齢集団による子ども組という自治組織のメンバーから、同年齢主義の学級集団で教師に規律化されコントロールされる近代学校の児童生徒になったのです。

日本のジェンダー研究では、その他の近代化を経験した社会と同様に、産業構造の変化により性別分業が進み、女性の役割が「家」の共同経営者から、日常の家事や子どもの世話を担当する「家族」の中の主婦へと変貌していったことが明らかにされています[20]。

男性が所得を稼ぎ、女性は家事と子育てに専念する一夫一婦制と性別分業に基づき、女性を私的領域に押し込めてきた家族の特徴は、近代家族という概念で説明されています。

近代家族：夫婦間の愛情と、夫婦と実子との愛情に満ちた関係、夫婦のみが性別分業を行い子どもを育てることが「最良」だと想定する家族[21]。

子どもの死亡率が低下し、配偶者死亡率や離婚率も低下して、夫婦関係も長期に安定的になった戦後に、「夫は仕事、妻は家事・育児で一生懸命働いて、豊かな生活を築き、より良く子どもを育てる」ことによって、愛情を実感する家族システムが普及していったという概括が一般的なものとなっています[22]。

こうした中で、子どもは親、とくに母親が愛情を持って育てるべき、という考え方も浸透していきます。母性神話や健康優良児運動に代表される「理想の子ども」イデオロギーなど、現代日本において子育てする母を苦しめる考え方が、とくに大正期以降に拡大・浸透していったのです[23]。多産多死社会から少産少死社会へと移行する中で、「死なない子ども」があたりまえとなり、「少なく産んで良く育てる」ことに女性（母親）が専念することを理想とするようになりました[24]。

近代家族制度の成立とともに、近代学校制度も、子どもの役割を地域コミュニティ（村落）における自治の担い手から、学校の中の児童・生徒に縮小していきました。

明治期までの信州北部や越後を中心に、地域の異年齢の子どもが集う「子ども組」という自治組織があり、子どもたちが「小児の自治（子どもの自治）」を行っていました[25]。近代社会以前の子どもは、地域コミュニティ（村落）の担い手として、年長の子どもが年少の子どもを庇護《ひご》し、遊びの世界に誘導し、伝統的な遊びを伝承するルールや、子どもを対象とする儀式や儀礼もありました[26]。

明治初期の欧米人が見た日本の子どもたちは、地域コミュニティという「公的領域」の中で、大人に慈しまれ、助け合い成長し合う姿でもあったのです。

大人の側も、子どもたちのいたずらをわざと楽しむ文化がありました。大阪郊外の村里では、縁側に置いた十五夜の月見団子を子どもたちがこっそり取っていくことを「十五夜団子は盗まれるほど良い」と言うなど、子どもとのかかわりを楽しんでいた様子がうかがわれます。苗代《なわしろ》やひな祭りの日に、お菓子目当てに家々をまわる子どもたちの姿とそれを楽しむ大人たちの姿は日常的なものだったとも指摘されています[27]。

子どもの生きる領域が変わったきっかけは、１８７２（明治５）年の近代学校制度の導入、そして１８９１（明治24）年の同年齢による学級編成です。これにより「規律・訓練」定着への取り組みが強化されていきます[28]。「子どもたちを過度に管理し、統率し、大人の言う通りにさせる」学校に子どもが囲い込まれたのは、近現代の世界に共通する特徴です[29]。

戦後、この動きが加速します。義務教育年数が中学校まで延長され、授業時数が増加し、高校・大学進学率が拡大して受験競争が過熱しました。これに伴い、子どもがより長い時間学校に囲い込まれるようになると、日中の地域コミュニティから子どもの姿が消えました。また平日の夕方以降と休日は家庭で過ごしたり、塾や習い事に行くことが普通になったため、子どもが先生や親、同居・近居の親族以外の大人とのかかわりを持たなくなりました。

先出の本田教授は、大人と子どもが「ともに生活する仲間」ではなくなり、子どもを学校とそれに付随する場所に囲い込む「学校化社会」の中では、親も子どもたち自身も、自らで育ち育てる能力（「育児力」「教育力」）をどんどん喪失し、大人たちが「子ども嫌い」になっていく原因の１つになっている、と指摘しています[30]。

女性は家庭へ、子どもは学校へと囲い込まれていくプロセスこそが、近現代日本で子どもが「公的領域」から排除されてきた主な理由なのです。

３・３　なぜ「子育て罰」社会・日本になったのか

ここまで、明治期から１９７０年代初期にかける日本の近代化と経済成長の中での子どもと女性の変化――とくに「公的領域」からの排除――についてごくおおまかに整理してきました。次に、「社会のあらゆる場面で、子育てすること自体に罰を与えるかのような政治、制度、社会慣行、人びとの意識」が蔓延する「子育て罰」社会・日本はなぜ出現したのかを考えていきます。

日本の「公的領域」は、社会も政治・経済も、男性もしくは男性的な思考によって支配されてきており、残念ながらその状況は2020年代になっても抜本的な変化がありません。

一方で、女性の就労や大学・専修学校への進学は基本的に拡大しており、女性は無理に結婚・出産をしなくてもよい時代になっています。医療技術の発達によって新生児死亡率は減少し、不妊治療の技術も進んで、子どもは意図的に「つくる」時代になったと言えるでしょう。つまり、明治以降の近現代には私的領域に押し込まれてきた女性が、再び「公的領域」で活躍する時代になっているのです。

しかし、進学や就労、結婚や出産、そしてアイデンティティにおける女性の進化に、いまだに男性主流の日本社会の慣行やルールがついてきていません。そうした環境の中で、子どもの出生数も出生率も減少・停滞し続けています。社会の中で出産・育児がどんどん少なくなり、子どものことを大切に思わない、時には「子ども嫌い」の冷たい大人が増えたこと[31]は、読者の多くも感じておられるのではないでしょうか。

マタニティマークをつけた妊婦さんに対する嫌がらせ。ベビーカーを蹴る通勤客。子どもが公園で遊ぶだけでうるさいと警察に通報する住民。保育園や子どもを守る児童相談所の設置に反対する大人たち。子どもを持つ母親を差別したり、退職に追い込んだりする職場。虐待や飢餓のリスクを軽視し、政府内や専門家の反対すら押し切って、一斉休校を一方的に宣言した総理大臣。

例をあげればキリがないほど「社会のあらゆる場面」で子どもと親、とくに母親が「子育て罰」を受け続けているのが、日本社会なのです。

２０１６年に「保育園落ちた日本死ね!!!」というブログが世間の話題となりましたが、この悲痛なつぶやきを発した女性が、死ねという言葉を向けたのは「子育て罰」を子どもと親に与え続けてきた日本という社会のありようそのものではないかと、私は感じています。

◆「お金と手間のかかる子ども」への変化

「子ども天国」とまで呼ばれていた明治期日本から、平成・令和の「子育て罰」社会日本になるまで、子どもの価値や社会的意味付けは大きく変わりました。

先に述べた多産多死社会から少産少死社会への変化は、親や社会にとっての子どもの意味を変えた大きな要因です。**図3-6**には、戦後日本の乳児・新生児死亡率の推移が示されています。１９４７（昭和22）年には、出生数１０００人のうち80人弱の乳児が亡くなり、１０００人のうち30人の新生児（生後４週間まで）が亡くなっています。１９８０年には１０００人のうち乳児死亡は７・５人、新生児死亡は４・９人にまで減少しています[32]。２０１９年の最新データでは乳児死亡率は１０００人のうち１・９人、新生児死亡率は１０００人あたり０・９人まで減少しており、先進国の中で赤ちゃんの死亡率がもっとも低い国となっています[33]。

子どもが死なない国であることは、とても素晴らしいことです。新型コロナ禍の中でも、医療従事者は妊婦さんを守り、赤ちゃんの無事の誕生のために力を尽くしておられます。２０２０年、２０２１年も、先進国でもっとも赤ちゃんの命が守られる国であり続けるはずです。日本人はこのことを誇りに思ってよいと思います。

医療技術の発展は「死ぬかもしれない子ども」を「死なない子ども」に変えました。これにより、母親は専業主婦として「少なく産んで良く育てる」ことに専念し、「子どもにはできるだけのことはしてやりたい」と考え行動するようになりました[34]。

戦後には高校・大学進学率が拡大し、親が子どもの教育費負担をする年数が長くなり、より多くの親が教育費スポンサーとして18～22年間、子どもに愛情、ケアと教育費を注がなく

図3-6　平均寿命および乳児・新生児死亡率の推移

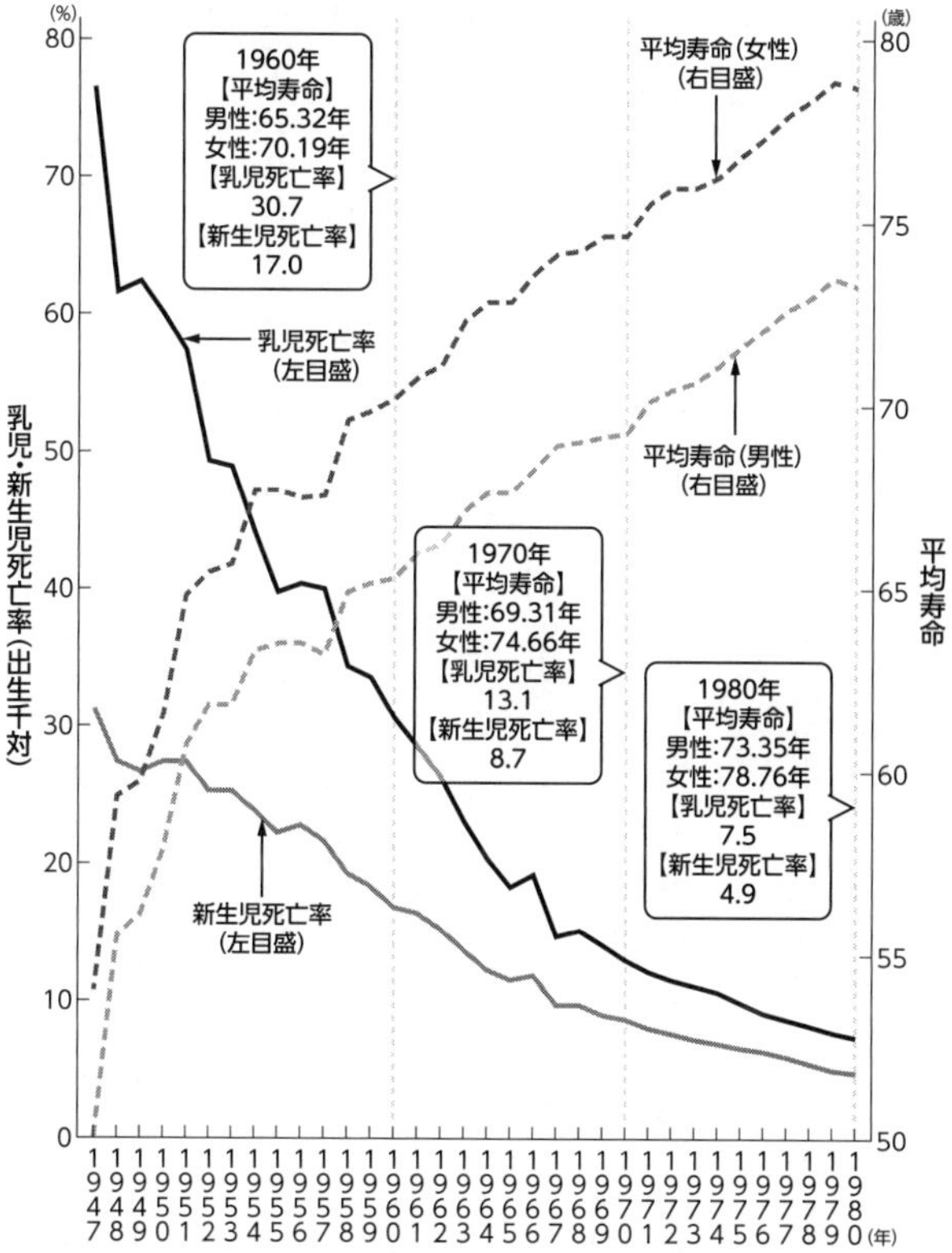

出典：厚生労働省「平成26年版厚生労働白書　～健康・予防元年～」(2014)

てはならない大衆教育社会[35]になっていきました。

図３–７は戦後の高校・大学進学率を男女別に整理したものです。高校進学率は男女ともに、１９７５（昭和50）年には90％を超えています[36]。高校進学を準義務教育と呼んでもいい時代に突入してからもう45年が経ちました。

また大学進学率も２００５年に男子進学率（過年度卒業者含む）で50％を超え、２００９年には男女計で50％を超え、ユニバーサル段階と呼ばれる段階に入っています[37]。大学教育は少数者の特権ではなく、半分以上の若者が受けるあたりまえのものとなりました。

明治期に義務教育の就学率が拡大した時代には、６～９歳まで小学校（尋常小学校）に就学したら教育を終えることが一般的で[38]、旧制の中学・高校・大学または女学校に行くのは、少数のエリート男性と富裕層・中間層の女性だけでした。多くの子どもたちは親の家業や家事を手伝っていた「暮らしを支える子ども」でした。それが戦後の大衆教育社会の中で「お金と手間のかかる子ども」という存在に変化したのです。

経済学用語でいえば、大人と一緒に暮らしを支える生産の主体でもあった子どもが、モノやサービスの消費の主体へと変化しました[39]。家族という私的領域に押し込められた女性（母親）が、家計と子どもの消費をコントロールする主体ともなりました。

図3-7　男女別進学率（高等学校・大学）

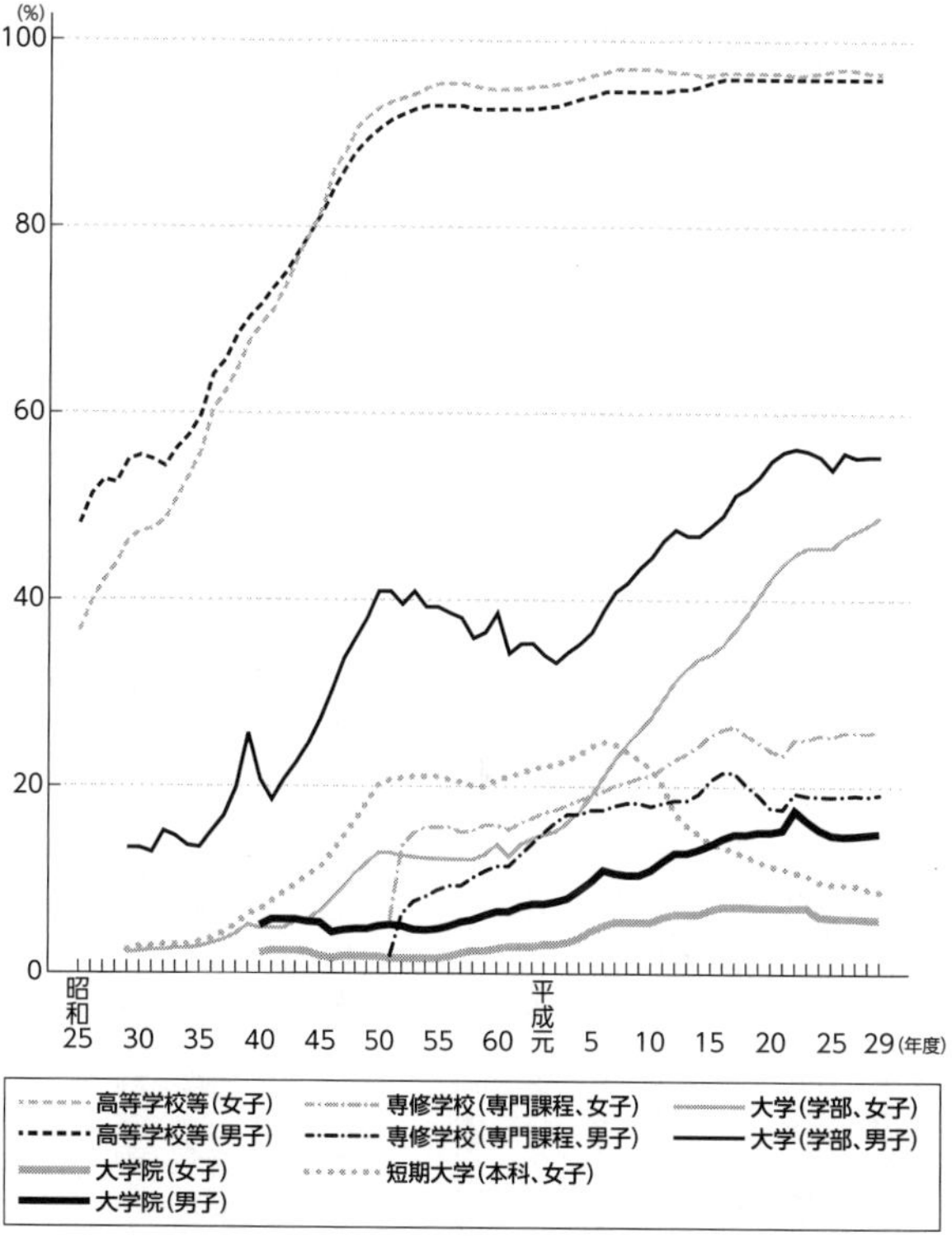

出典：内閣府「男女共同参画白書」（平成30年版）

◆「理想の子ども」イデオロギー

家計と子どもの消費をコントロールし、計画する女性（母親）の役割は重いものです。生まれる前から子どもの肌着やベビーカーやおもちゃなどの情報収集や購買活動を計画的に行い、子どもが生まれてからは保育園・幼稚園の情報収集や申込み、大学教育費に向けて児童手当を学資保険として貯蓄したり、子どもの意思を尊重して適性を考えながら習い事や塾の情報を集め資金を拠出したり……。やることにキリはありません。

フルタイムワーカーの私でも、保育園や学校・学童のお弁当を「世間体重視」や「子どもにつらい思いをさせたくない」[40]という気持ちで作っていたことがありました。遠足の日には、お弁当箱をあけたときに喜んでくれるようにと、みんなと同じようなキャラ弁を持たせました。そのため、本来なら泊まりがけの出張をやめ、深夜に一度帰宅し、翌早朝にお弁当を作ってから出かけたこともありました（夫の名誉のために述べておくと、夫はキャラ弁ではないお弁当なら問題なく作れますし、家事・子育て能力は全般的に私より夫の方が高く、我が家の子どもたちは完全な「お父さんっ子」です）。当時はまだ30代でしたが、心臓のあたりに痛みを感じたほどです。

私と違って「家庭内業務」を主担当としてこなす多くの母親にかかる負担は、さらに重くなるでしょう。これらの役割をこなす母親には、少ない子どもを良い子に育てなければならない「理想の子ども」イデオロギーと、親としての「子どものために」イデオロギーがのしかかっています。子どもを育てることが親、とくに母親のみの責任となり、その責任が子育て・教育費用負担だけでなく、子どもを「良い子」に育てなければならないというプレッシャーまでかかっているのは、親への無限責任が発生している状態といえます。

このことを考える際には、男性における仕事へのプレッシャーと同様に、女性には子育てや家事において、より高いレベルの達成を目指すバイアス（偏り）が作用しやすい点に留意する必要があります[41]。とくに日本では「子どものため」イデオロギー、「理想の子ども」イデオロギーが母親のストレスを増し、母親間のライバル関係を促進するケースすらあります。

新型コロナ禍の少し前、あるカフェで名門幼稚園の制服を着た女の子たちと、全身紺色の服で固めた母親たちの〝ママ友グループ〟に遭遇したことがあります。他の親子が先に立ち去った後、ひと組の親子が残りました。２人きりになった瞬間、母親が「静かにしていなかった」という理由で子どもの頭を叩き、厳しい言葉を浴びせたのです。

「母親が子どもの言動にここまでストレスを感じなければならないのは、なぜなのだろう」。

私はそう考えながら、涙をこぼしていました。若くて美人で高級スーツを身にまとう幼稚園ママも、私のように子どもを顧みずに働くフルタイムワーカーの母親も、同じ「子育て罰」社会・日本を生きているのです。たくさんのプレッシャーを感じながら、ともに次の時代を担う子どもを、必死で育てているのです。

「静かにしていない」のは、子ども自身の責任ではありません。子どもという存在を、静かでお行儀よくできなければ「理想の子ども」ではないという価値観を押し付けてきた大人社会の責任なのです。

それを叱責する母親個人の問題ではなく、そのような目で親子を見る大人たち、「静かにできる子ども」にしつけられてこそ「家庭の教育力」の高い良い母親である、という考え方を押し付けてきた幼稚園や学校側の責任でもあるのです。

◆親負担・親責任ルールにフリーライドする自民党政権

母親たちにのしかかる「子育て罰」を、社会も政治も放置してきたのは、日本社会の構造的な問題です。

政府にも学校にも子どもにかけるヒトやカネが不足しています。しかし、この国のリーダーたちは、子どもにかかるコストを家庭（親）に押し付けることで、解決したと思い込んできたのです。親負担・親責任ルールにフリーライド（タダ乗り）してしまえば、政府・学校の負担は費用も人員面でも軽くて済みます。男性が稼いでその所得から子どもの教育費や育児費用を支払い、女性が家でずっと子育てをしていれば、政府は公教育費を捻出する必要はありません。

少なくとも、民主党政権が２０１０年に子ども手当と高校無償化を導入するまで、戦後の日本の政治（大半は自民党政権）は、教育や子育て支援にお金をなるべくかけないようにしてきたと言ってよいでしょう。なんとか教育にお金を出さないように、教育費の親負担ルールと「家庭の教育力」を強調してきたのが、自由民主党という政党です[42]。

いまもそうした傾向は基本的には変わっていません。教育の無償化政策や、新型コロナ禍での困窮子育て世帯の給付金などの子どもにやさしい政策は、連立与党である公明党や野党である立憲民主党・国民民主党・共産党などの努力により拡大してきました。

自民党政権は、子どもが義務教育を安心して受けるための就学援助制度や、義務教育の質を維持するために削ってはいけない義務教育費国庫負担金（教員の給与の一部を国が負担する制度）まで、小泉政権時代の２００５年に一般財源化（国の予算から地方自治体の予算へと移行）とし、事実上の削減をしました[43]。

これにより、就学援助が受けられなくなった低所得層の子どもたちの制服・学用品・給食費の未納が増えました。すると、「家庭の教育力」の低いだらしない親が責任を果たしていないためとする「未納バッシング」が起こりました。子どもに必要な支援を政府が実現しているかどうかを考えずに「自己責任論」にもとづいて親をバッシングする人々、そうしたバイアスをかけて報道してきたマスコミも、「子育て罰」の加害者であると言えるでしょう。

◆余裕のない学校現場も親に「子育て罰」を課す

２００５年の義務教育費国庫負担金の削減は、教員の非正規化や給与削減につながり[44]、２００９年の麻生政権の際に導入された教員免許更新制ともあいまって、いまの教員不足の原因の1つになっています。教員が十分とは言えない待遇の中で過労死ラインを超えて働き、精神疾患による休職者も高止まりし、余裕をもって子どもに接することができなくなっている現在の学校現場は、自民党が15年以上かけて出現させてきたものといってもよいでしょう。

２０２１年現在、教員の働き方改革が始まっています。萩生田《はぎうだ》光一《こういち》文部科学大臣は小学校35人学級の法改正を実現させ、子どもたちのために学校現場に教職員を増やす重要な改革を

40年ぶりに実現させせました。教育免許更新講習を見直す方針も打ち出されています。子どもと親に厳しい自民党政治にも変化の兆しは見えるのです。

２０２０年度には、感染症予防と教育のＩＣＴ化の名目のもとで、全国の小中学生に１人１台のタブレット・ＰＣの普及が保障されました。２０１９年度からＧＩＧＡ（ギガ）スクール構想というＩＣＴ後進国の日本の教育を、世界水準に押し上げようとしてきた政策が、新型コロナ禍で一気に予算増額されたのです。デジタルデバイス・技術を、子ども、親、教員の負担を減らすことに役立ててほしいと切に願います。

学校に必要なカネとヒトがすぐにでも確保されれば、教員に余裕が生まれます。過労とストレスのために怒鳴ったり厳しい指導を行ったりする教員が減れば、子どもと親にとって安心できる学校が増えてくるでしょう。この改革が進めば、子どもも親も、そして教員も学校を不安に思わなくてよくなるという意味で「子育て罰」を減らすことができます。

しかし、親の負担は、学校からも課されています。給食費、教材費、制服代、修学旅行費などが家計負担であり、部活動の費用もあたりまえのように家計負担とされています。このため低所得世帯の子どもたちは、制服を買い替えられない、部活に入りたくても入れない、あるいは部活の費用を出すために生活を切りつめるなどの厳しい実態があります。

また、「子育て罰」社会・日本を象徴する現象として、ＰＴＡ問題を取り上げないわけにはいかないでしょう。私の子どもたちが通う学校では、親の負担を最低限にする改革がなされていますが、校区の違うママ友からは「役員になると有給休暇の日数では足りない」「学校だけでなく学童でもＰＴＡがある」などという話を聞き、驚いてしまいます。

毎日新聞の山本《やまもと》浩《こう》資《し》記者は著書『ＰＴＡ、やらなきゃダメですか？』に、実際にＰＴＡ会長になったら「ほぼ毎週のように『会長』としての予定」（Ｐ28）で埋まったと書いています。ノンフィクション作家の黒川《くろかわ》祥《しょう》子《こ》氏の取材では、次のような声があがりました。

「卒業してよかった、と心から思えるものがある。それがＰＴＡだ」
「有無を言わさない同調圧力に巻き込まれ、自発的意思の伴わない活動を仕方なく担わされる」

（黒川祥子『ＰＴＡ不要論』Ｐ３）

ＰＴＡには、公教育費不足のせいで慢性的にカネとヒトが不足する学校が、親の会費とタダ働きに依存してきたという側面があります。黒川祥子さんが著書で指摘するように「子どもが人質に取られている以上、逃れられない」（Ｐ３）ので親は協力せざるを得ません。これも、学校が「子どものため」という親の意識にフリーライドしていると言えるでしょう。

親が「子どものため」に責任を負わなければならない領域が、自分の労働時間や休日を削って行うＰＴＡ活動にまで拡大している状況も、子育て罰社会・日本の特徴です。

同書では「家庭教育」を重視する政権、とくに自民党政権にＰＴＡが都合よく利用される可能性にも言及しています。「否定的な子ども観のもと、家庭力低下が叫ばれ、地域や国家の子どもや家庭への介入が正当化され」、家庭教育支援の名のもとに子育て家庭の「全戸訪問」というプライバシー介入を、ＰＴＡを動員して行う懸念があると言います[45]。

この「全戸訪問」という、子どもと親への不信にもとづく日本社会での新たな「子育て罰」は、現在のところ学齢期では実現していません。日本には乳幼児期に保健師が全戸訪問をする仕組みがありますが、これは「保健師」という国家資格を有する専門職による支援です。ＰＴＡは専門資格を持たない、ただの大人です。素人による全戸訪問は私的な監視として機能する恐れもあり、私は教育福祉連携も研究対象とする専門家として異議を唱えます。

政府も学校も、親責任・親負担ルールにフリーライドし、家庭の経済的な負担やＰＴＡ活動に象徴される無償の時間コスト、それらによって引き起こされる子育てストレスなどを放置してきました。これらに対し、日本政府とくに与党自民党が本気で改善しようとしているかと問われれば、文部科学省と内閣府で子どもにかかわる審議会委員をつとめている私の回答は、「残念ながら本気で改善しようとしているようには思えない」です。

◆「世論の失敗」を変えていくために

前項で、「子育て罰」社会・日本になった原因が親責任・親負担ルールにフリーライドしてきた政府や学校などにあることを把握しました。次に、このような社会がなぜ維持されているのかについて考えていきます。

第１章では教育費の無償政策について、対象所得層が子どもの学校段階によって異なったり、児童手当や教育費の無償対象となる所得制限がいつ中所得層（夫婦合算・年収６００万から７００万円）まで引き下げられるかわからず、子育てする親を不安にさせたりすることを、政治による「子育て罰」と指摘しました。

政府が公教育費を増やすことについて、子どもを持つ人ほど賛成する度合いが高くなるという社会調査があります。**図3－8**は「大学進学機会の確保」の「税金が増えてもいいから積極的に進めるべき」（どちらかといえば、を含む計）と回答した回答者比率です。子ども

図3-8　「大学進学機会の確保」の増税支持率

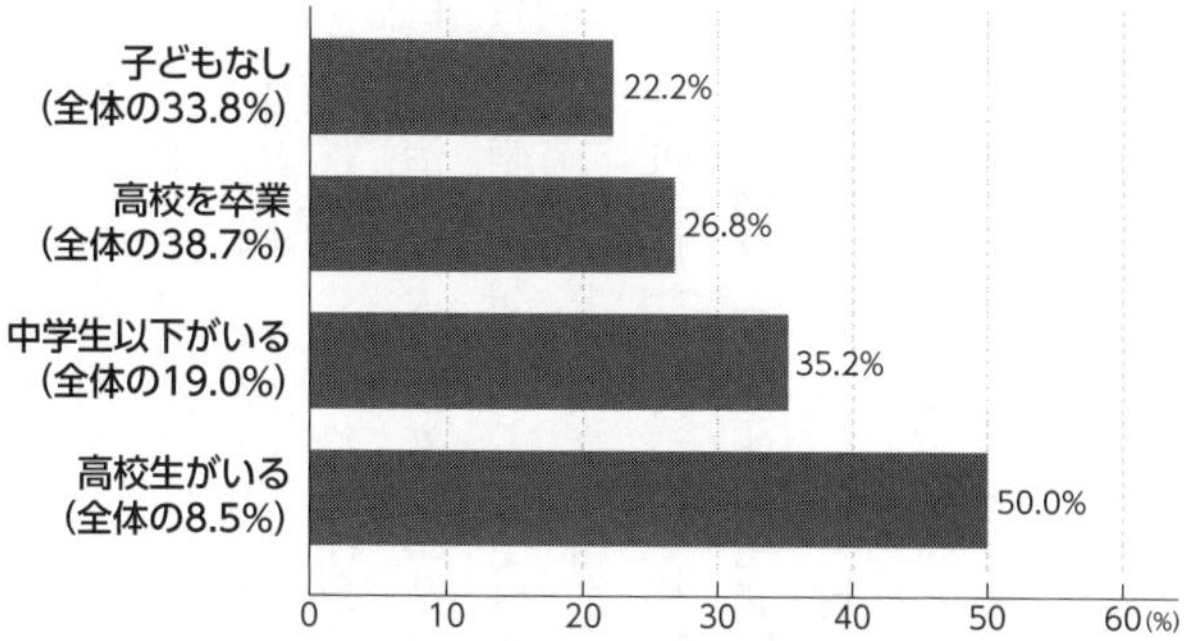

出典：矢野眞和・濱中淳子・小川和孝『教育劣位社会－教育費をめぐる世論の社会学－』(2016)

図3-9　給付型奨学金の対象者として望ましい者

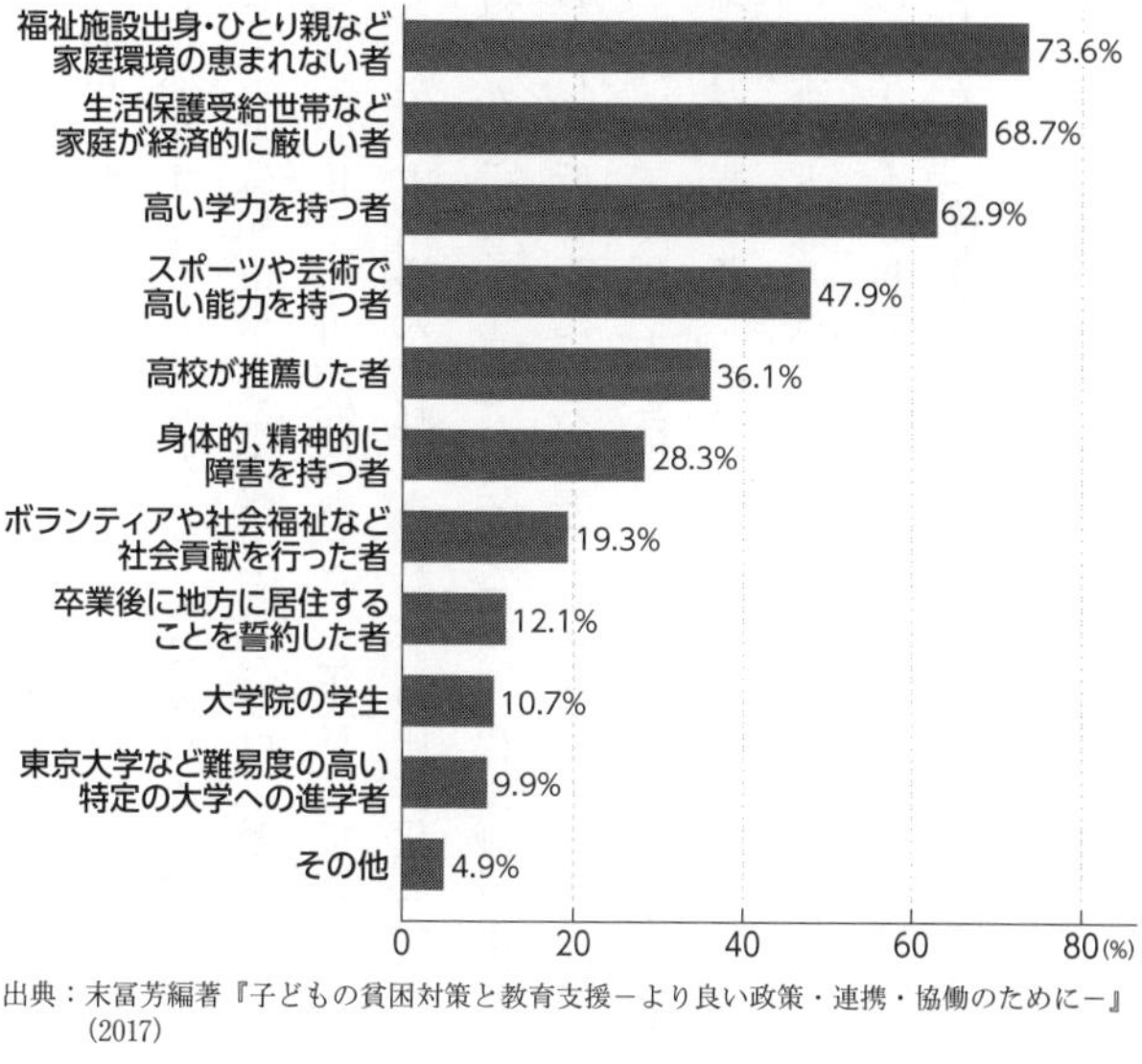

出典：末冨芳編著『子どもの貧困対策と教育支援－より良い政策・連携・協働のために－』(2017)

が高校生の親の支持率はとくに高く、５割にのぼります[46]。子育てする親が投票行動などによってその意思を表明することが、改善への第一歩です。

では、子育て中の親以外の人びとの意識は変化するでしょうか。日本における教育費問題研究、教育経済学研究の泰斗《たいと》として知られる矢野眞和《やのまさかず》東京工業大学名誉教授は『教育劣位社会――教育費をめぐる世論の社会学――』の中で「変化する可能性はある」と指摘しています[47]。白川優治《しらかわゆうじ》千葉大学准教授が２０２０年４月から本格導入された高等教育の無償化について、給付型奨学金の対象者として望ましい者は誰かという調査をしたところ、「福祉施設出身やひとり親」や「生活保護受給世帯」などの厳しい環境下にいる若者が受給することが「望ましい」と回答した大人が約７割でした[48]。これは「高い学力を持つ者」（62・９％）をうわまわります（図3-9）。能力主義的な「高い学力を持つ者」という回答がトップに来ることを想定していた私にとっては、驚きでした。日本の大人の意識が変化したのです。

こうした大人たちの変化について、私は「子どもの貧困問題」が世に広まり、親の所得や学歴が大学などへの進学に影響する「進学格差」「教育格差」が社会課題、政治の課題としてとらえられ始めたことにあると考えています。

矢野教授は『教育劣位社会』の中で、自己責任ないし家族責任でリスクに対応しようとする人びとほど、教育だけでなく医療・介護・年金などの問題を「社会（国）で対応すべきだ」と考えなくなる傾向を明らかにしています。さらに、国と社会で教育費を負担するためには「教育、つまり知識・技能の不足の解消が、将来の雇用リスクや引退・年金リスクを小さくする効果を持つこと」を共通認識とする必要があると指摘しています。

そして、教育は選挙の争点になりにくく報道や世論の関心の対象になりにくいという「世論の失敗」を変えるためには、「教育に税金を投入されるのは無駄だと思い込まされている」日本社会の人びとに大卒のメリット（所得を改善し、雇用リスクやより長期間働けるようになり年金リスク、健康リスクなどを下げる）のファクトやエビデンスを共有することで、世論は変えられると訴えておられます[49]。

大岡頼光《おおおかよりみつ》中京大学教授は、世論の変化や日本人の子育てへの意識などの「文化の変化」を待ってから制度を改善するのではなく、「制度が文化を創る」というスウェーデン型の子育て・教育政策の変革を重視すべきと指摘しています[50]。

私が「子育て罰」という問題を発信しているのも、子育てする親や子どもに厳しい日本社会の現状をファクトやエビデンスで示し、「世論の失敗」を是正していくためです。

日本の政治家や企業の方たち、大人たちにも、一度、立ち止まって考えていただきたいのです。「自分たちのやり方が、親たちに『子育て罰』を与えていないだろうか」と。そして、いままでの考え方や固執していたルールを見直し、改善につなげてほしいのです。

3・4 「子育て罰」社会の治療法：子どもにあたたかくやさしい日本へ

本章冒頭で、社会による「子育て罰」をなくすための治療法を見つけたいと述べました。親責任・親負担ルールの中で「子育て罰」に苦しんでいる親たちが多くいることを明らかにし、社会も政府も「子どものため」と頑張りすぎてしまう親たちの努力にフリーライドしていることを指摘しました。さらに、子どもという存在が家族・学校や消費という狭い世界に押し込まれたままであり、「子ども排除」「子ども嫌い」の感情を意識的あるいは無意識に持つ大人が少なくないいまの日本が「子どもが忌避される」時代であることを示しました。ではどうしたら、子どもや子育てする親に冷たく厳しい日本から、あたたかくやさしい日本へと変わることができるのでしょうか。

親に「子育て罰」を課している社会要因のうち、私がもっとも深刻だと考えている「子育て自己責任」論の改善策については、この本に2カ月先駆けて世に出た前《まえ》田《だ》晃平《こうへい》氏の著書『パパの家庭進出がニッポンを変えるのだ！――ママの社会進出と家族の幸せのために』にゆずりたいと思います。小さなお子さんを育てておられる当事者パパとして、数々の有効な具体策を示しておられるので、ぜひご一読ください。

本書ではもう少し大きく、日本人の子ども・子育てに対する社会意識をどのように変え、子どもや親に対する態度や行動をやさしくあたたかいものに変えていけるのかを考えます。ここでは「子育て罰」を受けてきた１人の母親として、専門領域から少し脱線しながら述べてみたいと思います。

◆まず、大人の意識を変える

変わらなければならないのは、人びとの意識です。子どもが生まれること、生きること、学ぶことに、私たちのお金（政府予算）を投入することが大切だという方向に、人びとの意識そのものを変えていくことです。

それはただの政策論や財政論ではなく、私たちがどのような社会を生きていきたいか、という規範や倫理の問題です。すなわち、子どもが生まれ育ち未来につながるやさしくあたたかい社会を生きたいのか、子どもが生まれず滅びの道しか見えない厳しく冷たい社会を生きたいのか、という問いです。

率直に言って、私はこうした〝しめっぽい〟理念論が得意ではありません。しかし、この本を書きながら、思い出したことがあります。私は若いころ、小さな子どもが嫌いだったことを。

そんな学生時代、友人と「子どもはなぜかわいいのか」という議論をしたときに、「自分自身を大切だと思わなければ、子どもを愛する感情も生まれないだろう」ときわめて冷静に指摘したこと。

自分の子どもに決してやさしいとは言えなかった私の父が、突然亡くなる少し前に、近所の子どもたちに慈しみのまなざしを向け、とてもやさしく言葉をかけていたこと。

私がなかなか妊娠できなくて悩んでいたときに、偶然会った小さいころから知っている近所のおばあさんにふと愚痴をいうと、「だいじょうぶ」とおおらかな笑顔で励まされたこと。そのおばあさんには、不幸な事故で自分の子どもを喪《うしな》った経験があること。

そして、わが子が生まれ、予想外に力強く、それでいてか弱い存在をおそるおそる抱いたとき、この子を守り幸せにしたいと心の底から思ったこと。

私自身にも、これほど大きな意識の変化がありました。同様に、どんな大人たちにも変化する可能性はあるのです。

私は、社会科学の研究者として「どうせ日本人の意識は変わらないだろう」と諦めるのではなく、日本の大人たちの、そして社会の変化を信じる立場に立つことを選びました。甘いと言われてもかまいません。

相互に排除し合う現代日本に新たな分断や不信の発想を持ち込むくらいならば[51]、たとえ実現しなくても、人びとが信頼し尊重し合う社会のための種を撒き続ける研究者であり母親であり、自分自身でありたいからです。

◆お金のかかる子育ては贅沢ではなく「強制消費」

現代社会は「成果」「収益」「パフォーマンス」「プレゼンス」など、目に見える結果が評価される経済優先の高度資本主義社会です。その恩恵により子どもの死亡率は下がり「少なく産んで良く育てる」ことが可能になりました。

しかし同時に、不幸な分断を生みました。なぜ日本政府が親責任・親負担ルールを家族に押し付けフリーライドしてきたのか。政府財政の支出が子ども・教育に振り向けてこられなかったのか。きわめて簡単にまとめると、とくに１９６０年代から１９７０年代に政治家や官僚、政府に参加する有識者などの男性エリートたちが、次のような考え方を持っていたためです[52]。

●家族が教育や子育てにお金をかけることで、進学率や就園率が拡大してきたが、それは親の贅沢であり「甘え」である。

●いい学校に行かせようと子どもにお金をかけるのは、親のエゴイズムである。

●高校・大学には能力があるものしか行かなくてよい。

怒らないでくださいね、いまとは時代が違います。この世代の男性エリートは自身の子どもが幼かった時期が第二次世界大戦中や戦後窮乏期であった場合も多かったので、高度成長以降の豊かな日本での子育てが贅沢に見えるバイアス（偏り）がありました。

そして私は、いまでもこうした古い価値観を、この国の政治の中枢にいる男性政治家が持っているのではないかと疑っています。**政界のリーダーや財務省が子育てにお金をかけることを「贅沢」と認識している限り、この国の政府は、児童手当にも教育にも、私たちの税金を配分することはないでしょう。**

現代日本の子どもが、お金と手間のかかる存在であることは、贅沢ではありません。「理想の子ども」イデオロギーにとらわれた現代日本では、お金をかけなければ子育てができないのです。こうした状況は「強制消費」とも言うべきものです[53]。

◆子どもへの投資のリスクとベネフィットを共有する

どうしたら、教育や子育てに、政府がお金をかけるようになるのか。どうしたら、教育・子育てを重視する政党・政治家に、有権者が投票するようになるのか。教育費問題の研究者たちが向き合ってきたこれらの問いは、次の２つを日本の共通認識とすることで解けると考えています。

①子育て・教育は病気・介護と同様のリスクであり公的責任として国・社会で負担を分かち合う必要があること

②子育て・教育への投資は、ＧＤＰ成長や中長期的なセーフティネット支出を削減する投資効果が大きいこと

矢野眞和教授は、前出の『教育劣位社会』の中で、**図3-10**を用いて次のように提言しています。教育が人生のリスクを小さくするという認識を社会で共有し、政府が継続的・計画的に投資をすることで、教育にまつわる費用負担を「社会責任主義」に変えていくことができる、と。

子育てについても同じことが言えるでしょう。子ども・子育てへの投資が、子ども自身の人生にとって重要であるとともに、就労率や所得、税収の上昇、生活保護や医療費を削減させる効果があることは、日本でもすでに重要なエビデンスが示されています[54]。

◆日本の男性は「自立の呪い」にかかっている

こうした子育てや教育のリスクや政府投資のベネフィットは、とくに2000年代以降継続的に発信され、意識を共有する人も増えてきたと思います。それなのに、なぜ有権者も政治家も変わらないのでしょうか。

私はそれを、高度資本主義の中で「自立」という呪いに深くとらわれてしまった、日本の男性たちの価値観、人間観の問題だと感じています。

本書では、至るところで男性主導の政治や社会を批判してきました。私の観察に基づけば、いま政治や行政・企業のリーダーとして活躍している男性で、子どもを大切にし、その尊厳

図3-10　教育劣位社会から教育優位社会へ

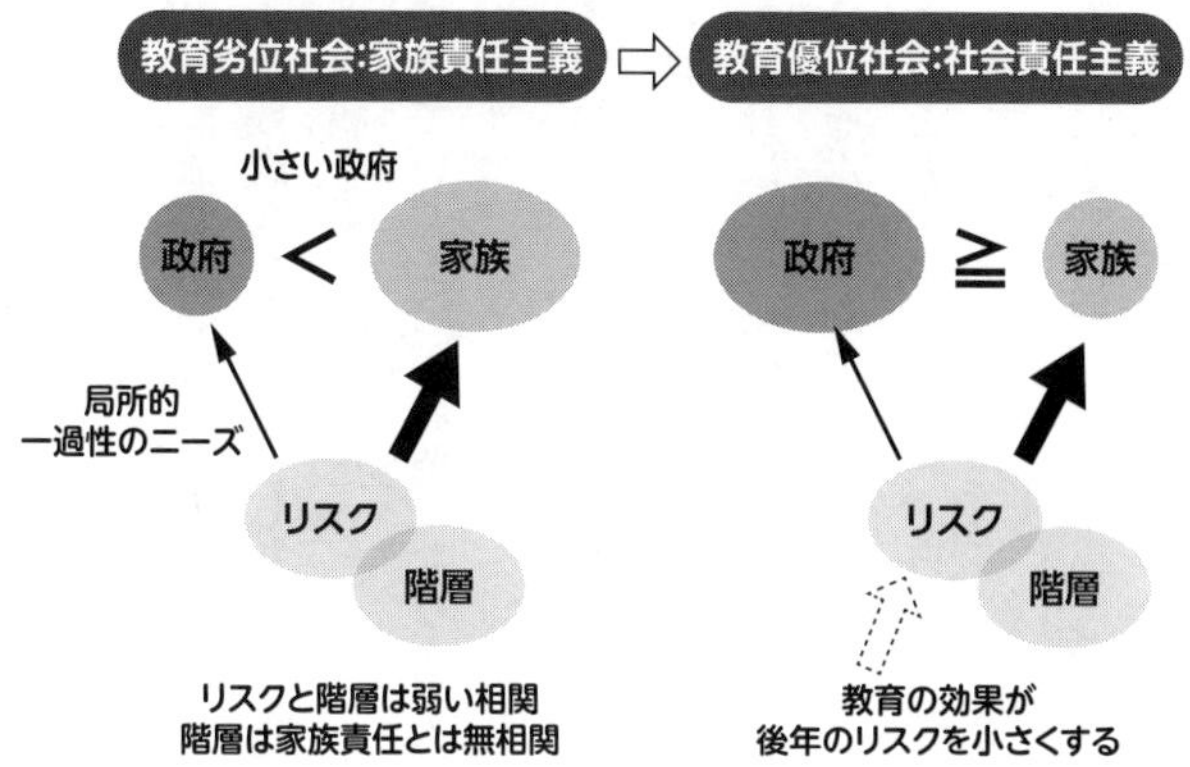

出典：矢野眞和・濱中淳子・小川和孝『教育劣位社会－教育費をめぐる世論の社会学－』P.91（2016）

と権利を重要だと考え、子どもを大切にする政策を実現しようとしている、本当のやさしさと強さを持っている人は、ごくわずかです。

大半の男性は、人間を「自立」「効率」の基準で評価し、実は弱い存在である自分自身をもどこかで軽蔑し、子どもたち・女性たちをごく自然に無意識に差別し、やさしくできていないということにすら気が付いていないように見えます。

自分の方が強い、偉い、稼げている、自己コントロールができている、仕事の要領が良い。そのような「自立イデオロギー」は男性中心の組織や社会で強化されていきます。自立イデオロギーは、日本の大人や政府・企業などの組織にあまりにも蔓延し、子どもや子育てする親にも容赦なく「子育て罰」を課すことになってしまっているのです。

お互いを役に立つかどうかで排除し合う社会では、「子育て罰」を与えるだけでなく、女性／男性、高齢者／現役世代など、あらゆる社会集団同士でお互いを攻撃し合います。いまの日本は残念ながら、そうした冷たく厳しい「荒廃国」でもあります。

この状態を乗り越えるためには、人間の持つあらゆる「弱さ」に光を当て、「自立」の呪いを超えていくことが必要になります。依存を新たな社会の原理として示そうという試みもあります[55]。

弱く未熟で、育てるのに手間ひまのかかる、依存的な、「効率」の正反対にいる、しかし愛すべき存在である子ども。そうした子どもたちがこの社会からいなくなってしまったとき、あなた自身は幸せでいられるでしょうか。

私は、そんな社会には耐えられません、だからこそ、大人も子どもも、それぞれに弱い存在であることをわかち合い、自立や強さを押し付けるのをやめてみませんか、と語りかけているのです。

子育てに悪戦苦闘の日々を送る親たちも、「自立」や親責任・親負担という呪いから自らを解き放ち、子どもを「いい子」でなくても尊重できるように、社会や政治の側にも変わってほしいのです。

◆子どもに向けて人間観・社会観をひらいていく

そのために必要なことがあります。子どもを大切にする前に、まず大人が自分自身を大切にしてほしいのです。それが子どもにあたたかくやさしい日本社会の基盤です。

いきなり、宗教家やスピリチュアリストのようなことを言い出して、と奇異《きい》に思われた方もおられるでしょう。一方で、この言葉から、子どもの権利条約や、日本国憲法第13条に規定される幸福追求権を思い浮かべられた方もおられると思います。

子どもの権利条約第3条に定める「最善の利益」条項も、日本国憲法第13条も、人権概念（自分自身が社会や国家において権利を持つ大切な存在であるという理念）にもとづいて、国民や子どもの幸せについて規定しています。

日本ではこの権利概念を、「大人のもの」としてとらえている人が多いと感じます。だからこそ、子どもの人権の軽視を問題にしないのです。

子どもの権利条約（児童の権利に関する条約）では、子どもは大人と同様に尊厳と権利を持つ存在であり、子どもたちの最善の利益が実現されるべきこととして規定しています。日本でも、あらゆる関連法規に子どもの権利を位置づけることを可能にする「子ども基本法」の制定が構想され始め、与野党を越えて推進の動きが広がりつつあります[56]。

子どもを大切にするあたたかくやさしい社会への転換には、人間観や社会観の転換が必要です。その大前提として、大人自身が自分を大切にし、幸せになることが大切だと考えています。この「幸せ（ウェルビーイング）」は、自分だけが得をするという狭い意味ではなく、次の概念を含んでいます。

自分は幸せになるべき大切な存在である。
それはこの時代を生きるどの大人も子どもも同じである。

自分の尊厳と権利を重んじることにより、自分とは異なる存在への尊厳と権利も大切にできるようになるという基本発想が大切なのです。人権思想といわれる考え方でもあります。自分と他者を連続する存在としてとらえることができたとき、大人の子どもへの意識も、やさしくひらかれていきます。こうしたプロセスを経てやさしくひらかれていく大人たちに、私は子どもの貧困対策を通じてたくさん出会ってきました。

静岡市のある学校の校長先生は、当初「子どもの貧困対策なんかやって、スクールソーシャルワーカーなんかが入ってきても、困難な状況にある子どもたちは変わらない」と思っていたそうです。当時は、教員の指導を聞かずにだらしない生活を続ける子どもやダメな親への対応で、疲れ果てておられたそうです。

　静岡市では子どものために大人がつながり合う「学校プラットフォーム」が息の長い取り組みとして続けられていますが、「この取り組みを通じて先に変わったのは大人の方だった」と、その校長先生はおっしゃっていました。

　この取り組みでは「きづく」「つながる」「はぐくむ」をキーワードに、まず大人同士が支え合いました。学童や放課後の学習支援を通じて大人同士の関係性が変わっていくと、忙しくて余裕のなかった教員たちが「子どもはたくさんの人に愛される存在」であることに気づき始めました。そして、できない子、ダメな親といった断罪のまなざしから解放され、考え方をひらいていく教員が出てきました。子どもや親への接し方が、少しずつ、柔らかく変化していく教員もいました[57]。

　つまり、大人同士が「つながる」「はぐくむ」ことでお互いを大切にする意識が生まれ、子どもに対してやさしくあたたかくひらかれた大人が生まれたのです。子ども自身は変わらなくても、子どもの見え方が変わる。そのことにより大人がひらかれていく。貧困対策の現場で、そうした変化を何度も目撃してきました。

文部科学官僚から「厳しい人」と評されている私も、困難な状況の子どもや親たちとのかかわりを通じ、少しずつですがあたたかくやさしい方向に自分をひらく努力を重ねています。大人同士も労り合い、大切にし合う関係こそが、「子どもを慈しみ育むやさしくあたたかい社会」の基盤なのです。

◆私もあなたも子どもも、幸福になるべき大切な存在

繰り返しになりますが、大人たちが考え方を「やさしくあたたかくひらく」ことが、「子育て罰」のない日本社会への大切な一歩です。つらく苦しいことが多い日々の中でも、幸せを分かち合い育て合うために、私とあなたと、子どもたちが作り生きる未来のために、私たち自身が自分も幸せになるべき大切な存在であると、考えをひらいていくことが重要なのです。

先出の本田和子教授は著書『それでも子どもは減っていく』の中で、次のように指摘しておられます。

一つの命を産み育むということ、それは、その営みが要請する膨大な労苦と忍耐を引き受けることでもあり、もしかしたら、それは、報われることのない長年にわたる無償の行為であるかもしれない。それは、自己を自身のために充実させるためにまして、他者のために投入し消費し尽くされる行為でもある。それを支えるためには、よりどころとなる何物かが必要なのではないだろうか。

（中略）

しかし、それに加えて、あるいは、それを超えて、必要とされるのは、子どもをこの社会に迎え入れるための「より確かな何か」ではないか。物と心を対立する二項として対比させることの不毛性は承知の上で、あえて言うとすれば、「産み育てる営み」に必要とされるのは、単なる物質には還元されない「精神的な価値」、それが子どもという他者のための無償の営みを支える心の拠り所なのではないだろうか。

（本田和子著『それでも子どもは減っていく』p230〜231）

子どもをこの社会に迎え入れるための「より確かな何か」、子どもという他者のための無償の営みを支える拠り所となる「精神的な価値」（本田先生はそれを「信仰」とも共通性があるものととらえておられます）とはなんなのでしょうか。

私の解は、子どもを迎え入れる前に、大人自身が自分を社会に迎え入れられるべき存在として大切に思うことから始める、ということです。経済市場主義によって「荒廃国」となってしまった現代社会に、信頼と愛と思いやりを取り戻すために、いま私たちは「あなたは一体何者なのですか」とお互いに問いかけ合うことが必要とされているのです[58]。

そして、その問いかけへの答えが、これです。

私もあなたも子どもも、幸福になるべき大切な存在なのです。

子どもと子育てする親に冷たく厳しい日本を治療するためには、子どもや親を大切にしてリスクを社会で分かち合う、といったレベルの掛け声では不十分です。1世紀半かけて世界を支配してきた経済至上主義、「自立イデオロギー」の呪いはそこまで深いものです。だからこそ、大人の側がその呪いを自覚し、解き、自分を幸せになるべき存在だと考えるところから立て直さなければなりません。それが「子育て罰」の治療法だと私は考えます。

この思いを多くの大人が共有し、行動することができたとき、政治や社会といった仕組みだけでなく、日々の暮らしの中での「子育て罰」も少しずつ消えていくのだろうと思います。

この解に、データやエビデンスはありません、これまで私が出会ってきた子ども、若者、大人たちがそれを私に伝えてくれたと感じているだけです。困難な状況の中でも、私にありのままの状況を教えてくださったり、あたたかくやさしい気持ちや、一緒に社会を変えたいという願いや意思を伝えてくださった子どもたち、若者たち、親のみなさん、そんなみなさんに寄り添う支援者の方々と一緒に、仕事をしたり考えたり笑ったり泣いたりする中で、私が出した答えなのです。

子どもが再び家族や近代学校システムの囲いから出て、地域や社会、大人とつながり合い、子ども同士でも育ち合う「公的領域」は、いま、日本社会のあちこちにひそやかに、しかし着実に広がっています。

本書を読んだみなさんの心に、子ども、子育てする親、そうではない大人も笑顔になれるやさしくあたたかい「子ども天国」の種が撒かれ、いつかそれらが芽吹き育って、日本を変えてくれると、私は信じています。

1 本田和子,2007,『子どもが忌避される時代―なぜ子どもは生まれにくくなったのか―』新曜社

2 小林雅之,2012,「家計負担と奨学金・授業料（玉川大学出版部）」日本高等教育学会『高等教育研究』第15集 p.115

3 文部科学省「私立大学等の令和元年度入学者に係る学生納付金等調査結果について」
https://www.mext.go.jp/a_menu/koutou/shinkou/07021403/1412031_00002.htm

4 文部科学省,2018,「平成30年度文部科学白書」
https://www.mext.go.jp/b_menu/hakusho/html/hpab201901/detail/1421904.htm

5 小林雅之,2008,『進学格差』ちくま新書 p.78

6 小塩隆士,2002,『教育の経済分析』日本評論社

7 Gary S. Becker,1991, *A Treatise on the Family: Enlarged Edition*, Harvard University Press pp.277–299

8 末冨芳,2010,『教育費の政治経済学』勁草書房 pp.138–140

9 遠藤さとみ・島一則,2019,「女子の高等教育投資収益率の変化と現状―時系列変動とライフコース・イベントに着眼した収益率推計―」生活経済学会『生活経済学研究』第49巻 pp.41–56
https://www.jstage.jst.go.jp/article/seikatsukeizaigaku/49/0/49_41/_article/-char/ja/
北條雅一,2018,「学歴収益率についての研究の現状と課題」『日本労働研究雑誌』No.694 pp.29–38

10 内閣府,2020,『高齢社会白書』P.33
https://www8.cao.go.jp/kourei/whitepaper/w-2020/zenbun/pdf/1s2s_02.pdf

11 竹沢尚一郎,1996,「贈与・交換・権力」『市場と贈与の社会学』岩波書店 p.80

12 濱名篤,2004,「保護者から見た学費負担―自由記述を参考に―」佐藤香ほか『非営利組織としての私立大

学の経営動向に関する実証的研究』,平成13～15年度科学研究費補助金報告書 pp.78–91
13　末冨芳,2010,『教育費の政治経済学』勁草書房 pp.156–161
14　山田昌弘,2020,『日本の少子化対策はなぜ失敗したのか？・』光文社新書 pp.66–67
15　本田和子, 2007,『子どもが忌避される時代―なぜ子どもは生まれにくくなったのか―』新曜社 pp.55–64,290–294
16　中村敏子,2021,『女性差別はどう作られてきたか』集英社新書 pp.151–155
17　本田和子, 2007,『子どもが忌避される時代―なぜ子どもは生まれにくくなったのか―』新曜社 pp.9–10
18　イザベラ・バード著・高梨健吉訳,1885=2000,『日本奥地紀行』平凡社 p.197,312
19　中村敏子,2021,『女性差別はどう作られてきたか』集英社新書 pp.102–109
20　中村敏子,2021,『女性差別はどう作られてきたか』集英社新書 pp.151–167
21　田間泰子,2005,「親子関係と生殖技術―戦後日本における近代家族成立の一側面―」関西社会学会『フォーラム現代社会学』第４巻 pp.38–47
https://www.jstage.jst.go.jp/article/ksr/4/0/4_KJ00008433437/_pdf/-char/ja
22　山田昌弘,2001,『家族というリスク』勁草書房 p.16
23　本田和子,2009,『それでも子どもは減っていく』ちくま新書 pp.119–138
石岡学,2004,「『理想の子ども』としての健康優良児」日本教育社会学会『教育社会学研究』第75集,pp.65–84.
https://www.jstage.jst.go.jp/article/eds1951/75/0/75_0_65/_pdf/-char/ja
24　本田和子,2009,『それでも子どもは減っていく』ちくま新書 p.117,164
柏木惠子,2001,『子どもという価値―少子化時代の女性の心理』中公新書 pp.36–38.
25　柳田国男,1976,『こども風土記／母の手鞠歌』岩波新書 pp.44–45

26 柳治男,2005,『〈学級〉の歴史学―自明視された空間を疑う―』講談社選書メチエ pp.146–147
27 柳田国男,1976,『こども風土記／母の手鞠歌』岩波新書 pp.61–62,65–66
28 柳治男,2005,『〈学級〉の歴史学―自明視された空間を疑う―』講談社選書メチエ pp.143–144
29 苫野一徳,2019,『「学校」をつくり直す』河出新書 p.25
本田和子,2009,『それでも子どもは減っていく』ちくま新書 pp.152–156
30 本田和子,2009,『それでも子どもは減っていく』ちくま新書 p.156
31 本田和子,2007,『子どもが忌避される時代―なぜ子どもは生まれにくくなったのか―』新曜社 p.8,pp.290–294
32 厚生労働省,2014,「平成26年版厚生労働白書～健康・予防元年～」
https://www.mhlw.go.jp/wp/hakusyo/kousei/14/backdata/1-1-2-02.html
33 厚生労働省,2019,「令和元年（２０１９）人口動態統計月報年計（概数）の概況」p.3
https://www.mhlw.go.jp/toukei/saikin/hw/jinkou/geppo/nengai19/dl/kekka.pdf
34 柏木惠子,2001,『子どもという価値―少子化時代の女性の心理』中公新書 pp.55–56
35 苅谷剛彦,1995,『大衆教育社会のゆくえ―学歴主義と平等神話の戦後史』中公新書
36 内閣府「男女共同参画白書」平成30年版
https://www.gender.go.jp/about_danjo/whitepaper/h30/gaiyou/html/honpen/b1_s05.html
37 文部科学省,2020,「令和２年度学校基本調査・総括表４」
https://www.e-stat.go.jp/stat-search/files?page=1&toukei=00400001&tstat=000001011528］（https://www.e-stat.go.jp/stat-search/files?page=1&toukei=00400001&tstat=000001011528）
38 国立教育政策研究所,2012,「我が国の学校教育制度の歴史について」
https://www.nier.go.jp/04_kenkyu_annai/pdf/kenkyu_01.pdf
39 本田和子,2009,『それでも子どもは減っていく』ちくま新書 pp.184–189

40　山田昌弘,2020,『日本の少子化対策はなぜ失敗したのか?』光文社新書 p.14,119

41　中村敏子,2021,『女性差別はどう作られてきたか』集英社新書 pp.153–154,181

42　小西祐馬,2019,「『子どもの世界』を社会全体で守るために—家族主義をどう乗り越えるか」小西祐馬・川田学編『シリーズ子どもの貧困２・遊び・育ち・経験—子どもの世界を守る—』明石書店 p.332
本田由紀・伊藤公雄,2017,『国家がなぜ家族に干渉するのか：法案・政策の背後にあるもの』青弓社

43　小入羽秀敬,2019,『私立学校政策の展開と地方財政—私学助成をめぐる政府間関係—』吉田書店 p.193

44　末冨芳,2020,「教育の機会均等」,本図愛実・末冨芳『新・教育の制度と経営［三訂版］』学事出版 pp.45–47

45　黒川祥子,2018,『ＰＴＡ不要論』新潮新書 p.82

46　矢野眞和,2016,「政策の世論を規定しているのは階層ではない」,矢野眞和・濱中淳子・小川和孝『教育劣位社会—教育費をめぐる世論の社会学—』岩波書店 pp.83–84
中澤渉,2014,『日本の公教育費はなぜ少ないのか—教育の公的役割を問いなおす—』勁草書房,p.304.

47　矢野眞和,2016,「『教育劣位の不平等社会』のための生涯教員政策」,矢野眞和・濱中淳子・小川和孝『教育劣位社会—教育費をめぐる世論の社会学—』岩波書店 p.177

48　白川優治,2017,「貧困からの大学進学と給付型奨学金の制度的課題」末冨芳編著『子どもの貧困対策と教育支援—より良い政策・連携・協働のために』明石書店 p.240

49　矢野眞和,2016,「政策の世論を決定しているのは階層ではない」,矢野眞和・濱中淳子・小川和孝『教育劣位社会—教育費をめぐる世論の社会学—』岩波書店 p.90–93

50　大岡頼光,2014,『教育を家族だけに任せない—大学進学保障を保育の無償化から—』pp.46–48

51　広瀬義徳・桜井啓太,2020,「序文」,広瀬義徳・桜井啓太編『自立へ追い立てられる社会』インパクト出版会 pp.5–16

52　末冨芳,2010,『教育費の政治経済学』勁草書房 pp.165–194

53 本田和子,2009,『それでも子どもは減っていく』ちくま新書 pp.184–189

54 柴田悠,2016,『子育て支援が日本を救う—政策効果の統計分析（書影）—』勁草書房

日本財団子どもの貧困対策チーム,2016,『徹底調査 子供の貧困が日本を滅ぼす 社会的損失40兆円の衝撃』文春新書

55 広瀬義徳,2020,「自立・自律した個人という幻想と『共生』の根拠」,広瀬義徳・桜井啓太編『自立へ追い立てられる社会』インパクト出版会 pp.18–33

桜井啓太,2020,「依存の復権論・序」,広瀬義徳・桜井啓太編『自立へ追い立てられる社会』インパクト出版会 pp.34–53

松下佳代,2009,「能力と幸福、そして幸福感」子安増生編『心が活きる教育に向かって』ナカニシヤ出版 pp.37–60

56 中日新聞「『子ども基本法を』声上げる子どもたち」２０２１年5月5日記事

57 末冨芳・川口正義,2017,「静岡市における学校プラットフォーム化」,末冨芳編著『子どもの貧困対策と教育支援—より良い政策・連携・協働のために—』明石書店 pp.254–269

58 中沢新一,2003,『愛と経済のロゴス カイエ・ソバージュ』講談社選書メチエ pp.189–205

第4章

対談◉「子育て罰」大国から「子育てボーナス」社会へ！

教育学者
末冨 芳

×

社会福祉学者
桜井啓太

さくらい・けいた／1984年、大阪府生まれ。大阪市立大学大学院創造都市研究科博士課程単位取得退学。博士（創造都市）。地方自治体職員（堺市）、名古屋市立大学講師、准教授を経て、現在、立命館大学産業社会学部准教授。専門は貧困問題、生活保護。主な著書に『〈自立支援〉の社会保障を問う―生活保護・最低賃金・ワーキングプア』（法律文化社）、『自立へ追い立てられる社会』（インパクト出版会）など。

すえとみ・かおり／1974年、山口県生まれ。京都大学教育学部卒業。同大学院教育学博士課程単位取得退学。福岡教育大学准教授を経て、現在日本大学文理学部教授。神戸大学大学院にて博士（学術）を取得。内閣府子供の貧困対策に関する有識者会議構成員（2014年～）、文部科学省・中央教育審議会臨時委員（2020年～）等の政府委員を歴任。主著に『教育費の政治経済学』（勁草書房）など。

——（担当編集・以下同）「子育て罰」というタイトルで、末冨芳先生に本書のオファーをしたところ、「この訳語を生み出した桜井啓太先生との共著にしたい、できれば対談もしたい」とご相談をいただきました。末冨先生は教育学、桜井先生は社会福祉とフィールドが異なり、じっくりお話しするのは今回が初めてとのことですが、子どもや弱者へのまなざしに重なるところが多くあります。それでは、改めまして、自己紹介からお願いします。

桜井　立命館大学の桜井啓太です。専門は貧困問題ですが、子どもの貧困に限って研究しているわけではなくて、大人の貧困や生活保護全般を研究しています。私はそもそも大学を卒業してから10年間、関西で自治体の職員として、ケースワーカーなど生活保護の現場にいました。

——桜井先生が、自治体のケースワーカーとしてお勤めになられていたのは、何か理由があったんですか？

桜井　自治体の社会福祉職ということで採用されたんです。その中でどの仕事に就くかは運みたいなもので、児童相談所に行ったり、障害福祉の分野に行ったり、あと生活保護などを扱う福祉事務所に行ったり。でも、学部のときには社会階層の勉強をしていたこともあって、ブルデュー[1]とか読んでいましたから、福祉事務所に行きたいなっていうのはあったんですけど。行ったらやっぱり、イメージしていたものよりも格段に、日本ってまだまだ貧困があるんだなっていうのを実感しましたね。

末冨　ケースワーカーになられたのは何年ですか？

桜井　入った年が２００７年で、ちょうど母子世帯の生活保護費を削減するという段階削減の真っ最中でした。生活保護費の母子加算というのは、だいたい月当たり２万円ちょっとぐらい。そういう母子加算が昔から設定されていたんですけれど、それを削減していくことが、僕の最初の仕事だったんですよね。

末冨　それはつらい。

桜井　その母子加算が、民主党に政権交代したときに復活するんです。そういう意味では、貧困世帯の生活に政治が直接及ぼす影響みたいなものを、現場で肌で感じていました。象徴的な意味では、私が入った２００７年に北九州で餓死事件[2]が相次いで。

末冨　ありましたね。「おにぎりが食べたい」と言って亡くなられた方がいらっしゃいました。

桜井　次の年が２００８年で、リーマンショックの年でした。

末冨　そうでしたね。

桜井　年越し派遣村[3]とかができて、保護世帯が急増していく、変化の多い時期でした。最終的に２０１３年まで福祉事務所にいましたが、２０１２年の12月に安倍政権に変わって、最初に行ったのが２０１３年の生活保護の引き下げなんです。それはもう母子世帯だけでなく、一斉に最大10％、平均で６・５％の生活保護基準を引き下げた。政治が貧困層をどんどんバッシングして現金給付を削っていく時代に、生活保護の現場にいたっていうのは、研究にも割と影響しているのかなと思っています。

――現場で時代の変化と、貧困層のつらさを見

1　ピエール・ブルデュー（Pierre Bourdieu、1930～2002）フランスの人文・社会科学のあらゆる分野で活躍。グローバリゼーションやネオ・リベラリズムが貧しい人びとにもたらす不正義と損害を指摘し続けた。主著は『ディスタンクシオン』。

てこられたのですね。次に、末冨先生、お願いいたします。

末冨　日本大学の末冨芳です。私はもともと教育学の研究者で、とくに教育費問題を対象にしてきました。桜井さんとの接点は、２０１０年からの内閣府の子どもの貧困対策に関する有識者会議の委員ですね。２０１８年に子どもの貧困に関するイベントで初めてご一緒して、名刺交換をさせていただきました。私は教育費問題の専門職ということで内閣府会議に参加することになったんですけれど、日本の子どもの貧困問題は必ずしも専門ではなかったので、委員になってからかなり勉強しました。当時者、支援者、研究者の方たちと対話し交流しながら、考え、行動してきています。２０１６年から「あすのば」[4]という団体の理事もしています。ですから、教育費問題と子どもの貧困の両方から「『子育て罰』を親子に課す国だよね、この国は」ということを

見てきたことになります。

4・1　「子育て罰」の誤解

桜井　では、まず、誤解されている方も多い「子育て罰」という言葉についてから始めましょうか。

末冨　私が「Yahoo!ニュース 個人」で発信した「子育て罰の厳罰化」[5]という記事にも、この本で使っているのとは違う意味でとらえている人からのコメントがたくさん来ました。桜

2　2007年7月10日、北九州市小倉北区の独り暮らしの男性（52歳）が自宅で亡くなっているのが発見された。生活保護を受けていたが、2007年4月に受給廃止になっていた。最後に「おにぎり食べたい」と書き残していた（朝日新聞2007年7月11日夕刊）。

3　2008年、リーマンショックを機に解雇された非正規労働者を受け入れるため、民間団体が日比谷公園にテント等を張って作った支援所。

4　子どもの貧困対策センター：公益財団法人あすのば。経済的に恵まれない子どもの調査提言、間接支援、直接支援を行う。

5　末冨芳 Yahoo! ニュース 個人「教育は子どもを幸せにできるか?」2020年11月8日配信「【子育て罰の厳罰化】児童手当の特例給付を削って待機児童対策にあてる日本では、少子化解消しない」

井さんも『SYNODOS』[6]で子育て罰について書いたとき、何か反響は来ました？

桜井　来ましたね。ＳＮＳで「子育ては罰じゃないよ」みたいな感じの反響がいくつかあって。そういうつもりで書いたんじゃないのにな、とはちょっと思いました。気にしているところです。

末冨　やっぱり。子育てを大事に思っていらっしゃる方ほど「子育てすることは罰じゃない」という受け止め方をされるんですよね。私も桜井先生も、前章で書いていますが、改めて言葉の意味を明確にしておきたいと思います。

桜井　はい。

末冨「子育て罰」のもともとの意味は、child penaltyの日本語訳です。チャイルド・ペナルティというのは、とくに女性や子育てしている親、でも、だいたい世界的に子育てするのは女性ですが……。

桜井　女性の方が圧倒的にペナルティの率が高いという形でとらえられていますね。

末冨　賃金とか、あと日本の場合だと育休、マミー・トラックといわれる就労、昇進上の差別も含めて、子育てをする女性の賃金、就労上の不利を指す言葉が、チャイルド・ペナルティ＝「子育て罰」です。子どもを持つことによって不利な立場になる、**子育てをしている親、**

とくに女性が不利になるという概念です。と、言っているつもりなんですけど、なかなか伝わらない。

桜井　そうですね。

末冨　とくに、本書では、それをもう少し日本の社会とか政治全体のありように広げて考えてみたんですね。序章で、子どもや親に冷たく厳しい政治や社会の在り方のことを「子育て罰」と書きました。だから、子育てをしている人が悪いのではなく、所得にかかわらず子育てで大変な親たちを追い詰めている社会や政治の方が罰を課しているんだという意味で使っているんです。**「子育て罰」を、課す側の政治や社会に責任がある行為、なくすべき概念として使っているわけです。**ですから、「子育て罰を政治と社会の場からなくそうという概念として使っています」ということをまず、ご理解いただけるといいかと思っています。

桜井　「child penalty」を訳すに当たっては、第２章で詳しく書きましたが、けっこう難しいなと思ったんです。直訳すると「子ども罰」になってしまうのですが、それは違うよなと。子どもの貧困もそうですけれども、「子どもの」と言うと、やっぱり「かわいそうな子ども

6　SYNODOS　２０１９年６月10日　桜井啓太「〝子育て罰〟を受ける国、日本のひとり親と貧困」

がいる」という話にどうしてもなってしまう。そうではなくて「子育て」として、親も含めた子育て環境自体を問うていくことが大事かなとは思っています。

末冨　そうですね。私も自分の中でなんとなく「子どもを持つことによる罰」というふうに訳していたんですけど、桜井さんの「子育て罰」という言葉を見たときに「これだ！」と思いました。

桜井　ありがとうございます。

末冨　それより前に、大沢真理先生[7]が**日本の政策は就業する親を罰している**と書かれていて、やっぱり子育ては罰っていうところに行きつくんですよね。ですから、おそらく研究者は「子育て罰」という言葉を理解しやすいと思います。それは政治や所得再分配の在り方が子どもと親への罰になっているというエビデンスや分析しかないからです。本当に日本の政治は、データを見てもそうですし、自民党の高齢男性幹部を見ていてもそうなんですけれども、子どもと子育てする親にとても冷たいと思っています。

桜井　そうした、子育てや子育てする人びとを不利な立場に追いやる政治や社会構造みたいなものを本書で描き出せたらいいですね。

◆職場で受け続けた「子育て罰」

――末冨先生ご自身の体験として「子育て罰」を実感することがありましたか？

末冨　産む前から大変でした。「なんでこんなに健診費が高いんだろう」から始まりました。妊婦健診の補助は不十分で、低所得層も含めて自己負担が発生してしまうことや、生まれてみれば保育所に入れないとか、とにかくお金もかかるしストレスも大きいんです。

桜井　そうなんですよね。

末冨　児童手当だって、どの所得層でも全く足りないんです。時間も足りない。みなさんも感じられるところだと思うんですけど、子どもを持って働き始めると、就業時間が限られてしまう。時に大学って、平気で夕方の６時とかから会議を始めません？

桜井　始めます、始めます。

末冨　子育てしていたら、出られませんよ。今はオンラインだから、なんとかならなくはないですけど、「出られません」と言うと、冷たい目で見られることもあるんですよ。

桜井　ひどい。けど、わかります。

7　第2章62ページ参照

末冨　私自身、とても嫌な思いをしたことがあります。序章にも書いたんですけど、どうしても必要な手続きや学生の面談、卒論ゼミもあって、生まれてから少ししか経っていない下の子を抱っこして大学に連れていったんですね。そのとき多くの職員さん、教員も「かわいい」「おめでとうございます」と言ってくださったのですが、庶務課の人が、「産休中に大学に来ないでください」「これは問題だ」と言い出して。わざわざ学科の主任に言いつけて、説教までされまして。「何これ」と悲しい気持ちになったことがありました。

――末冨先生は育休を取られていないんですよね。産休中[8]ということは、まだ生後2か月になる前ですね。

末冨　はい、まだそれくらいでした。「やむを得ない事情なのに、そんな対応?」と思いましたよ。ですからそれ以降は、学部長や担当役職者全員に「やむを得ない用事ですので、子どもを連れていってもいいですか」というメールを毎回入れました。そういうリベンジをずっとしていたら、職場の意識も変わってきて、新型コロナ渦の前は、子育て中の教員が必要とする場合には「休日の行事のときはベビーシッターを準備します」という対応も始まっていました。「子どもを家に残して出勤しても安心なようにベビーシッター代金の補助でもいいです」と意見をあげると、聞いてくれるようになったんです。

桜井　少しずつ改善されてきたんですね。

末冨　そうですね。でも、下の子を産んだのは7年前か……。7年前でも、まだ日本はそんな感じでしたよね。まだ「アグネス論争[9]」をやっているみたいな感じで。

桜井　２０１０年代の正規雇用の大学職員でも、そんな感じでしたか。

末冨　はい。女性で子どもを産んでいるっていうだけでこれだけ冷遇されるんだと実感して、本当に「びっくりするぐらい子育てに冷たいな、この国」って思いましたよ。前の職場でのことですが、「妊娠したので、できれば職務替えをお願いします」と頼んだら、当時の同僚に怒鳴られました。その頃は教職大学院を設置するという激務を担当していて、そのまま続

8　産前休業と産後休業を産休と称する。産前休業は産前6週間（双子以上は14週間）前から、産後休業は産後8週間までの休業期間。

9　１９８7年、歌手のアグネス・チャンさんが生後数か月の長男を連れてテレビや講演の仕事に復帰、賛否を呼ぶ。翌88年、参議院の調査会に参考人として招かれ、「子どもも大切、仕事もしたい、仕事に意味を感じる、だけど子どもを産みたい。そのジレンマに陥っている女性が大勢いると痛感した」などと述べた。これに対し、作家の林真理子さんは「文藝春秋」（88年5月号）で「子連れ出勤」を「働く人間としての自負心が許さない。それはあまりにも甘ったれた夢物語だと思う」と反論した。（２０１９年３月４日朝日新聞デジタル「『アグネス論争』火種いまも　それはベストか甘ったれたか」）

けていたら流産しかねない状況だったので、他の同僚のみなさんに根回しもして、「分担させてほしい」とお願いに行ったのですが、密室で怒鳴られましたね。

桜井　それは本当にひどいですね……。

末冨　当時、その方も激務で壊れかけていたんだろうとは思うんですけどね。そんなふうに余裕がない社会から余裕がない職場が生まれ、妊婦が1人出ただけでギスギスするんです。前の職場は特にそうでしたね。今の職場でも、多くの職員は子どもにやさしいんですけど、結局、マジョリティーの役職者男性が子どもに冷たく厳しいことから、つらい職場になっていたんです。正規雇用の私ですら、そうでしたから……。

桜井　非正規雇用の女性たちは、もっとひどい目にあっている。

末冨　はい。桜井さんのコラム（P91）にもあるように、新型コロナの流行で、非正規雇用の女性で子どものいる人たちが、まっさきに失業や収入低下の犠牲になったじゃないですか。それこそが典型的な「子育て罰」ですよ。一斉休校のとき、子どもを持つ女性就業者の失業や収入低下で、私たち、本来の意味でのチャイルド・ペナルティを目の当たりにしてるんですよね。そうやって、いまだに子どもを持つ女性に対して寄り添えない政治の在り方っていうのが許せないんです。

４・２　「子育て罰」と貧困

末冨　貧困の当事者の子どもや若者たちと話をしていると、そもそも教育の前に衣食住が成り立っていないケースも少なくありません。子どもの貧困率は最新のデータだと13・5％[10]ですが、衣食住が成り立っていない子どもたちが一定数います。服が買えない、食事が十分に買えない経験をした子育て世帯が確かにいる。そこで、最新の子どもの貧困の大綱に、衣食やライフラインに事欠く貧困世帯の比率も入れていただいたんですね。それが２０１９年の改正のときでした。

桜井　２０１９年のデータでは、衣食が足りてない世帯が2割程度。この現代日本社会で2割もの人びとが、そのようなつらい貧困経験をしている。

末冨　「ベーシックニーズが満たされていない」と、専門用語では言うんですが、難民や海外の貧困地域のような飢餓の問題が、実は日本にもあるんですよね。服も、食べ物も十分に買えない人たちがいるのに、それが政府に見えていないということに、驚いてしまいます。

10　第2章78ページ参照

桜井　本当に驚きますよね。

末冨　教育学の研究者として言えるのは、民主党政権も安倍政権も教育の無償化を中心にお金をかけてきたということです。幼児教育も無償になりましたし、低所得層は私立高校も大学も無償になってきています。でも、学びの前に、食べられない子がいる状況をどうにかしようというのが、社会科学の研究者としての一番の課題意識なんですよ。内閣府の会議で議事録に残っていると思いますが、私、教育学者なのにもかかわらず「教育はいいから衣食住を支えるための児童手当と児童扶養手当をどうにかしてください」と言ってしまった。それぐらい大変な状況です。

桜井　本当にそうなんですよ。

末冨　一方で、所得があれば楽なのかという問題もあります。第1章で書きましたが、中所得層や高所得層で、いまこの国では、夫婦で年収９１０万円稼いでしまうと、高校段階で支援がなくなる。高校無償化の対象外だし、大学の無償化はもっとゾーンが狭い。私立高校の無償化は年収５９０万で切っています[11]。稼げば稼ぐほど、どんどん支援が切られていく。日本はそういう社会です。「なんのために稼いでるんですかね」という話を以前から保護者へのインタビュー調査でも聞いていました。実際、子どもを産んでみたら、「本当になんのために稼いでいるんだろう。ペーパー離婚を考える人がいるの、分かるわ」と思いました。

桜井　それくらい、なんの支援もない。

末冨　はい。子ども1人でも苦しいし、2人、3人と育てたらもっと苦しい。中所得層、高所得層が頑張って働いて、納税して、年金や社会保険料を払って、一生懸命子育てしてるのに、どんどん支援を切られていくこの国っておかしくない？　というのは、ずっと思っていたことなんですね。低所得層だけにものすごく冷たいのではなく、中所得層や高所得層にも同じように冷たい。それが教育費問題の研究者から見えている日本です。

◆高所得者の切り捨てが社会の分断を深めている

末冨　ここにいる3人は全員正規雇用ですし、それなりに稼いでいる層だと思います。行政にサポートしてもらっている実感はないですよね。

――ないですね。そうやって「子育て罰」を課していくことによって、よりみんなが自己責任論になっている気がしています。超高所得の人は「教育は政府がやってくれるものじゃ

11　第1章44ページ参照

ないから、自分たちでやるべき」みたいなことを言って、自分たちが稼いだお金を自分たちの子どもにかけていますよね。だから、より格差が広がっていく。自分の子どもさえ良ければいいのかな、と悲しい気持ちになります。

末冨　はい、分かります。児童手当をすべての子どもに支給することが大事なのは、すべての子どもを政府が大切にすることによって、社会の連帯を保つという意味がすごく大きいからなんですね。ところが、高所得の子どもだけは支援から排除するのが当然という政治になってしまっています。第二次安倍政権の高校無償化への所得制限導入がそうでしたが、児童手当まで切るとなると、本当に支援がゼロになってしまいます。高所得層は日本学生支援機構の奨学金[12]からも締め出されています。年収１０００万円以上の世帯でも３人子どもがいれば「３人目は、日本学生支援機構の奨学金を借りたい」という話はよく聞きます。ただ、親が高所得なので審査で落ちて借りられず、「仕方なく民間の銀行や信用金庫に相談しています」という例は、私の大学にかかわる学生の相談事例でもあるんです。

桜井　それぐらいこの国では子育てにお金がかかるのに、しかも親の見かけの所得によってどんどん支援が切り捨てられていく仕組みになっているんですね。

末冨　このことが政治家には見えていない。とくに自民党の高齢男性政治家には見えていない気がしますね。

桜井　「高所得世帯は制度の対象から外した方がいいんじゃないのか」というのは、自民党だけじゃなく、野党系の政治家も言っているんですよね。けっこうヤバイですよ。

末冨　ヤバイと思います。なぜヨーロッパが普遍主義かといえば、子どもひとりひとりを権利の主体とみなしているからなんですね。親が金持ちだろうが貧乏だろうが、次のその子たちの世代では何が起きるかわからないですから。親と子は独立の存在で、子どもが権利の主体と見なすからこその普遍給付です。もちろん、親が経済的に厳しい家庭には、より積み増すという考え方をしています。人権概念を重んじている先進国の中で日本は例外的に、子どもを切り捨てる発想を持って「子育て罰」の政治をしている国なんです。

桜井　それはおかしな話なんですよね。末冨先生がおっしゃるように、社会連帯的な意味では、何千万稼いでいる家庭でも国からの給付があるということで、社会の恩恵を感じることができる。その中で、社会の一員だという感覚が育まれるはずなんです。

そう考えると、年収いくら以上の人は切り捨てますという考え方ってデメリットしかない

12　第１章55ページ参照

し、そもそもその金額でスクリーニングする行政上の手間も大変で、そのコストの面から考えてもあまり合理的とは言えない。ただ、それでもやっているのはなぜなのか。格差や分断を生むことにしかならないのですが。

末冨　そうなんですよ。金持ちへのやっかみがある社会なんでしょうかね。

桜井　でも、確かに２００９年、民主党政権が子ども手当を導入するときにも「金持ちにもやるのか」みたいな話はけっこう言われていましたからね。

末冨　でも、高所得者だって、子どものころは児童手当をもらってきたよねっていう幼少期を過ごしていれば、大人になってからも「この税金は、次の世代のために大事な税金だ」という意味がわかって、納得して払うはずなんですよね。ところが、いまの政治の「子育て罰」により、高所得層の親は「私たちはなんの支援も受けていないから、日本政府にはなんの恩もない。移民しちゃおうか」と思うくらい、日本を嫌いになってしまうのでは、と心配しています。

桜井　大事なのは社会の連帯なのに、逆に分断するという。

末冨　税をちゃんと、あまねく国民に再配分していくのは、社会統合のうえできわめて大事だということを、この国の政治家でわかっている方はほとんどいないのではないかと心配です。

桜井　日本はいま、外国人労働者が増えていますが、移民の人たちにとっても暮らしやすい国とは言えないんですよね。

末冨　移民の人が日本に来て、この国で働いて納税して、一緒に暮らしたいと思える国であるためには、子どもにやさしい、子どもを産み育てることを応援してくれる国でなければなりません。それが実感できて初めて定住するわけですよね。いま、定住している人たちだって親にも子にも冷たく厳しい国だと思いながら子育てしていますよ。入試でも差別されています。

桜井　日本は移民にも厳しい国。

末冨　はい、日本語が十分じゃない子のための高校、大学、専門学校の入試がなかなかないんですよ。授業料の支援も自己負担分が大きいので、なんとか高校に進学できたとしても、たとえ安定収入のある外国人の親でも決して楽じゃありません。職場の近所にあるネパール料理店のお嬢さんが高校生になったとき、「日本の学校はお金がかかるね」と、言われました。「お金かかるよ。大丈夫？　高校無償化[13]申し込んだ？」と、アドバイスしたんです。東京都の場合は高校生への支援は手厚いけれど、高校生の在学費用が全額出るわけじゃないですから、「学校にもよるけど、授業料以外に年間で数十万は親が払わないといけないかもしれないよ」「高いね」「うん、ごめんね」というやりとりをしたことがあります。決して住みよい国じゃないですね。

――子どもにも冷たく、外国人にも冷たい日本は、なくなるしかないということに。

末冨　そうはしたくないし、それでもいいところもある国だなとも思うわけですよ。なので、社会も変える。社会が変われば、政治も変わるでしょう。

◆「子どもの貧困」と「親の貧困」

桜井　女性の貧困、老人の貧困のように「〇〇の貧困」という扱い方って、けっこうブーム的に使われちゃうところがありますよね。メディアとかでセンセーショナルに消費される。いままで知られていなかった問題にスポットライトを当てることの意義は当然あるんですけど、一方でそこをクローズアップすることで、逆に他のところが見えなくなってしまう。たとえば、いままで無視されてきた貧困の子どもをクローズアップしたがために、そこにいた大人、大人の貧困が見えなくなるという現象が起きています。普通に考えれば、子どもって1人で貧困になるわけがないですよね。子どもひとりひとりには、所得がないですから。まあ、芦田愛菜《あしだまな》[14]ちゃんとかなら違うかもしれないですけど。

末冨　そうですね。

桜井　そういった特別なケースを除けば、基本的には子どもには所得がない。だから、親世帯の所得をベースに子どもの貧困も計算されるんだけど、そこで子どもの貧困だけに注目してしまうと、貧困の大人が見えなくなってしまう。なんだか逆説的でおかしいですよね。

末冨　子どもの貧困の場合には、子どもがいる世帯の所得で測るので、どうしても「その親が貧困なんだよね」ということが、言葉の陰に隠れて見えないですね。だから、子どもの貧困を正しく言うと、「子育て世帯の貧困」なんですよね。

桜井　親の低所得・低賃金構造は大きな問題です。

末冨　都市と地方の格差も大きくて、地方の貧困は職を得るのも難しい分、大変ですね。実際に、児童扶養手当すら受け取っていない、年収が１００万円以下の子育て世帯のケースも時々、耳にします。たまたま支援団体が出会ったけれど、支援者さんが「この親子、どうや

13　第１章43ページ参照

14　２００４年６月23日生まれの俳優。５歳のときに出演したドラマ『Mother』（ＮＴＶ）で大ブレイク。

って生きてきたんですかね」と心を痛める事例もあります。子どもに戸籍はあったので、出生届は出しているんですよ。そのときに、生活保護や児童扶養手当の手続きすらできていないんです。役所もまた、冷たいということですよ。

桜井　貧困というと、すぐにひとり親世帯を取り上げる傾向がありますが、第１章で末冨先生も書いているように、２人親世帯が貧困じゃないわけではないんですよね。数でいうと２人親世帯の方がずっと多いわけですから。

末冨　そう。絶対数では、貧困世帯は２人親世帯のほうが多い。

桜井　そのことは、研究者でもあまり言ってなかったりします。貧困世帯というと、どうしても生活保護世帯に目が向く傾向がありますよね。ただ、生活保護率って全体の１・６％くらいなんですよ。ところが、子どもの貧困率は13・５％。そこから考えると、本当は生活保護世帯がいまの10倍ぐらいいても全然おかしくないはずなんです。

末冨　本当に深刻な状況です。

桜井　そういう意味では、特定の対象者だけに注目したり、貧困を分断するのではなく、もうちょっと幅広い視点、貧困だけでなく、様々な不利や社会的排除、家庭内のケア、社会の格差などの側面から考えることは、非常に大事です。

末冨　2016年の厚生労働省『国民生活基礎調査』をもとに、独立行政法人労働政策研究・研修機構の周燕飛《シュウエンビ》先生[15]が、2人親貧困率を算出したデータがあります（**図4―1**）。2人親世帯の貧困率は10・8％なんですよね。日本のだいたい9割方は2人親なので、そうすると絶対人口でいえば、2人親貧困世帯の子どもが約193万人、ひとり親貧困世帯の子どもは約78万人となります。2人親貧困世帯の子どもの方が2倍以上も多いんです。

桜井　そのとおりです。

末冨　2人親といっても、夫婦2人で就労している場合と、夫は低所得で妻は就労していないケースもありますよね。日本の場合、地方の就労機会が限られているうえに、とくに学歴が低い方にとっては就労の機会を得るのが難しかったりするんですよね。社会経験が少なかったり、過去の職場がひどかったりして、貧困の連鎖の中で「仕事、怖い」というような感じになって、なかなか就業にたどり着けないケースもある。

桜井　そうした、日本社会がこれまで見逃してきた困窮層は多いですね。

末冨　それから、貧困は都市の問題と考える人が多いんですが、日本の貧困問題は都市にも

15　『貧困専業主婦』（新潮選書）で専業主婦の8人に1人が貧困に直面している現実をレポートした。

図4-1　世帯類型別貧困児童の人数（2016年）

	世帯（核家族）総数（単位:千世帯）	平均子ども数（単位：人）	貧困率	貧困児童数（単位：千人）
ひとり親世帯	810	1.9	50.8%	782【28.9%】
2人親世帯	8,576	2.1	10.7%	1,927【71.1%】
世帯計	9,386	2.1	13.9%	2,709【100.0%】

出典：内閣府「子供の貧困対策に関する有識者会議」（第12回資料）周 燕飛「子どもの貧困と親への就業支援」（2019）

地方にも潜在しているし、地方だと住民のボリュームゾーンとしては実は多い。そういうことも含めて、日本は、どんな子でも、どこに生まれても、高い貧困リスクにさらされる社会なんです。とくに、子どもがいることで就業が難しくなる女性にとっては、子どもを持つことが貧困リスクにダイレクトにつながってしまう社会です。

桜井　私も現場にいたときは、本当にいろいろな貧困のケースに出会いました。現場のこと語るのは、けっこう難しいんですけど。

末冨　そうですね。ある程度ぼかしてしゃべる必要がありますから。学校の現場でよく聞くのは、保護者、とくに生活保護世帯の保護者が保護者としての役割を果たせていないケースですね。たとえばアルコール依存だったり、重度のうつだったりして、寝たきりに近い状態の方も多くて。お金の管理も難しいので、真冬なのに靴が買えなくて、子どももサンダル、親もつっかけ。それを見ずに、教育だけを無償化してもどうしようもないんですよ。「じゃあ、まず子どもが学校に行く靴を買えるようにしてあげて」と、子どもの貧困の現場にかかわる研究者や支援者は思うわけですよね。子どもも親もちゃんとあたたかい靴を買えるように。

桜井　そのとおりです。

末冨　基本的に一番いいのは、地域でともに支え合っていくことなんですよ。生活困窮者の支援団体があたたかい方たちである場合には、「こうやってお金って使うんだよ」とか「じゃあ、何円は子どものために取っておこうね」みたいな家計の管理にもよりそってくれる。「遅刻したけど、今日も元気で学校に来られたね。がんばってるね」と、先生たちが子どもをあたたかく迎えてくださる学校も、日本には現実にあるわけです。ただ、それがあまりにも少ない。貧困家庭の親子にきちんとかかわり続けてサポートしていける大人がいる地域とそうじゃない地域の差があまりにも大きいんです。

◆子どもの貧困は教育の前にまず生活

桜井　子どもの貧困を語るとき、政治家も研究者も、「教育の問題だ」と言ってしまうことが多いじゃないですか。でも、末冨先生は、カネ、カネって言いますよね。私はそういうところにすごいシンパシーを感じているんですけど、教育学者の中では異端というか。

末冨　異端ですね（笑）。

桜井　カネ、カネっていう教育学者、あんまりいないです（笑）。

末冨　厳しい現場で頑張っている教員やソーシャルワーカーとは、とても話が合うんですよ。学校に来ればなんとかなる。でも、家庭がもう大変すぎる。結局、「親を支えないと子どもは支えられない」というのが厳しい学校現場の合言葉なんです。そして、親を支えるためにはやっぱりお金なんですよ。

桜井　お金がなければ、生活ができませんから。

末冨　私も最近、自分が教育学者を名乗ることに違和感を持つときがあるんですけど、社会科学の研究者として素直に、率直に、データと現場を見たときに、教育の前にまず低所得者が衣食住に困らない、絶対的貧困をこの国からなくすことが先でしょうと心の底から思っています。

桜井　ただ最近は、社会福祉学者もカネ、カネって言わずに、教育、教育って言っています。僕は「ちょっとそれはまずいんじゃないの」と話していますが、年々マイノリティーになりつつある感じです。「教育を頑張ろう」みたいな流れになってきているのは政策もそうで、生活保護費を削っている一方で、学習支援の事業費は毎年予算がどんどん上がっていく。

末冨　心配な状況です。

桜井　「居場所」の側面もあるので、学習支援も、もちろん大事です。ただ、すごくいい教え方をする支援実践も、家に帰ったら自分の部屋どころか学習机すらなくて、教科書や学用品さえろくに持てない環境に戻るなら弥縫策《びほうさく》にしかならない。最近では子どもが家庭内の介護やケアを担う「ヤングケアラー」の問題も指摘されています。こうしたことの意味をきちんと考えないといけないのに、なぜか教育だけに力を注いでしまう。社会福祉もそういうところがあるんです。

末冨　最近、社会福祉もそっちに寄っちゃってるんですか。まずいですね、それは。

桜井　そうなんです、まずいんですよ。

末冨　もちろん学校、就学前教育も子どもたちにとっては大きな意味があるし、学校教育の集団の中でいろんなルール、とくに最近だと、非認知能力と呼ばれるものを身につけることはとても大事です。それから、外国とつながる世帯にも困窮世帯が一定数いらっしゃるので、そうした家庭の場合には当然、文化や言葉の保証という意味で学校は大事です。でも、意欲を持って学んで、少なくとも自分で自立していけるようになるためには、親の生活、家庭での生活が十分支えられてないと到底、自立は目指せないっていうのが社会科学の研究者としての私の結論といってもいいですね。教育だけやっていてもダメなんです。ただ、教育学者はもともと学校大好きな人が多いので。

桜井　そうですね。みなさん、すごい学校大好きですよね。

末冨　そこなんです！　私も学校は大事だと思っていますが、暮らしを支えて、学びを支えて初めて子どもは頑張れるんです。だから、「頑張る意欲すら奪われている人たちの存在を見ろ」と言いたい。教育学者の中では、松岡《まつおか》亮《りょう》二《じ》[16]さんも同じ主旨の指摘をしています。彼は教育格差を語っているけど、その意欲すら持てない子どもたち、若者たちが日本にいるというのをデータで解明し、日本も上と下の差が大きく開いた「凡庸な教育格差社会」にすぎないと言っています。「とくに下の方の子どもたちを見殺しにしてきたでしょう」と。教育を見ていても、ちゃんと格差の問題に目を向けると、教育だけの問題じゃないっていうのがわかるんです。

――高所得者、中流の人たちも自分の未来が不安で、低所得者のことまで考える余裕がないんですよね。

末冨　ないと思います。ただ、私はそれでも最近、関心が広がってきたかなと思っています。コロナ禍で子育て世帯同士も、連帯感が出てきたようにも思いますね。支援団体さんへのご寄付の集まり方を見ていると、高齢者もそうだけれども、同世代の子ども持つ方たちからも「ちょっとだけだけど」と、ご寄付いただくケースはちゃんと増えてきているそうです。

桜井　それは希望ですよね。

末冨　ニュースでも冷蔵庫の中に食べ物がない家庭が報道されることがあって、実際にそういう世帯はかなり多いという報道を見ると、子どもを持つ親の世代もきちんと寄付をしてくださる。それは、コロナ禍で生まれた数少ないいいことだなと。

桜井　そうですね。

末冨　あまりにも政府の支援が少なすぎるので、それこそ社会的連帯が深まりつつあります。

16　早稲田大学准教授で教育格差の研究者。著書『教育格差――階層・地域・学歴』（ちくま新書）が〈新書大賞２０２０〉第３位。

高齢者は公園で遊んでいる子どもたちを注意したりして「冷たい」と言われていますけど、高齢者の世代には、寄付文化の最前線にいる方が一定数いらっしゃる。そういう意味では世代を超え、あるいは子育て世代同士で支え合うというやり方は、コロナ禍でかなり見えてきたと感じているんです。ボランティアだったり寄付だったり、お互い支え合うことが増えてきた。分断の方向にだけ行っているわけじゃないっていうのも、信じられるんです。子どもがいる、いないを超えて、助け合って生きていこうというふうになっている。これは、日本社会の中にある数少ない希望といっていいと思います。

4・3 「子育て罰」と政治

桜井　政治家や官僚に改善の具体策がないんですよ。上野千鶴子さんが講演で話している「戦略と戦術と戦闘」みたいな感じです。戦略としての制度で、戦術としての運用で、戦闘っていう現場実践があるとすると、戦略と戦術がダメダメで、それを戦闘の現場実践のところでなんとかしてしまう。しかも、現場の人たちが本当に良き人たちで、実践も巧みなので、実際、できちゃうんですよね。上のダメさを、なんとかしてしまう。第二次世界大戦のときから、それは変わっていない、と。

末冨　そう、下、というか最前線のすごい公務員や支援者たちでカバーしている。でも、支援者の方たちは決して十分な賃金で働いているわけじゃないんですよ。非営利部門の団体の職員さんを「あまりにも冷遇してるだろう」と言いたい。厚労省にも文科省にも自治体にも。最前線の支援者や学校の教職員、保育士さん含めて、頑張る人がむちゃくちゃ頑張るからなんとかもっているのであって、上の戦略とか戦術はダメですよね。政治だったり政策だったり制度の設計も運用もあまりにも親子に冷たく、厳しいというのが現状ですね。

桜井　そうなんですよね。現場実践、戦闘の場面のところが頑張れば頑張りすぎるほど、逆に戦略と戦術の政治のお粗末をカバーしてしまう。官僚の方だってさぼってるわけでないのはわかるんですけど。

末冨　政治家も官僚も、現実の社会の状況を把握し分析するためにデータを読んで大局的に判断することができないんです。この国では、ＥＢＰＭ（エビデンス・ベースド・ポリシー・メイキング）、つまりデータをもとにした政策作成をすることになっています。でも、ＥＢＰＭって本来は医療モデルなんですよね。医療ってまず検査と診断から始めるでしょう。たとえば研究者だって厚労省だっていろんなデータを出してるわけですよ。でも、行政や研究者が検査結果を出しても、政治が診断をつけてくれないんですよ。たとえばですけど、子どもの貧困についても数値目標を入れてないんですね。

――エビデンスにもとづいた目標を設定していないんですか？

末冨　はい。子どもの貧困率をゼロにするとか、半減するでもいいんですけど、設定してくれれば、「じゃあこの所得階層の人たちが何万人いるから、ここに児童手当を何円積み増しすればいいよね」という試算ができて政府は動ける。それが全然できないのは大問題です。そもそも戦略を立てるときに、現在のデータやエビデンスから日本がどうなっているのかという冷静な分析ができないことが、この国の政治の最大で致命的な欠点だと思っています。

桜井　日本版のＥＢＰＭでは、この政策をやりますとなってから、あとから説得材料としてデータをかぶせてくるじゃないですか。

末冨　そうそう。霞が関の官僚は「ＥＢＰＭじゃなくて、ＰＢＥＭ、ポリシー・ベースト・エビデンス・メイキングだ」と、自虐的に言っています。政策を作るために、場合によってはありあわせのエビデンスに無理な解釈をくっつける。教育政策も同じです。

桜井　でも政治状況を見て、そこに政策を合わせているだけなので、現実は良くならない。

末冨　そう。数少ない例外が子どもの貧困指標で、さっき言った衣食住に困ったり、電気・ガス・水道が止まったことがある子育て世帯の比率とか、ひとり親世帯の比率を入れているんです。それは２０１９年改正で、やっと実現できたんですね。正しい指標を使ってアセスメントすることで初めて、「じゃあ、衣食住が不自由してる人が減らないのはなんでだ」っていう問いになる。それがやっとできたのが２０１９年なんです。

桜井　めちゃめちゃ最近ですよね。

末冨　私は、子どもの貧困対策会議に２０１４年からかかわっていますが、２０１９年に一生懸命とりくんだのは、この衣食住やライフライン欠如の指標を入れることでした。他にもいろいろ指標を入れようとしたんですが、内閣府にはねられて、学力格差指標は文科省にはねられて。それは陰で財務省がはねたということなんですが、なんとか現金給付、児童手当や児童扶養手当を増やそうと思って、そういう指標をいくつか提案したんですが、最後に生き残ったのが衣食住とライフライン、でした。官僚が悪いわけではなく、いまの政治体制だと、現実を把握する指標を入れることが難しいんです。官僚は本当は改善したいと思っていても、削らざるをえない事情があったことは想像できます。官僚だって苦しいんですよね。それぐらいこの国の政治っていうのは現状の正確な分析を恐れている。現実を見ることが怖いんだと思うんですよね。怖いというか、見ることが大事だとすら思っていない気がします。少なくとも自民党の偉い人は。

――なんでなんですか。

末冨　なんでなんですかね。

桜井　やってる感だけは出すんですけど、たぶん本当に現場というか現実の指標を見て、それを変えるためにはどういう政策が必要で、という思考でやっていないから変わらない。

末冨　でも、若手や中堅世代の政治家には、希望があるんですよ。ちゃんとデータを読んでいますし、基本的には選挙で財源論を問うて戦わなきゃいけないと言っています。ただ、高齢の政治家っていうのは先が短いし、基本的には高齢者に支えられてるので、子育て世帯のことなんかどうでもいいやとか思ってるんだと思うんです、内心は。

桜井　内心は。言わないけど。

末冨　そう。それが一番大きいかな、と。ただ、やっぱり子どものためにお金を増やすというと財源論が来るので、選挙の争点にならざるを得ない。日本人はお金の話が嫌いなので、お金の問題を出すと選挙で負けるから、政治家がその問題を避けてきて、この「子育て罰国家」ができあがっている。安倍総理がそれでも評価できるのは、彼は消費税を上げたとき、その財源を子ども向けの社会保障にも使うと言って、教育費の無償化を実現しました。ただ、安倍さんぐらい強い、選挙に勝てる総理じゃないと、それができないんですよ。その意味では「子育て罰」をなくすために与野党ともに、ちゃんと国民とコミュニケーションするべきです。この国を維持可能な形にしていくためには、子どもの財源を増やすことは必要な投資です。いまは高齢者のための財政の制度設計になっているけれど、子どものためにこそ財源を増やさなきゃいけないというコミュニケーションが必要です。

◆50代以下の政治家が力を持てば日本は変わる！

末冨　自民党の高齢の政治家にはあまり期待していませんが、いまの50代半ばより若い世代の政治家の方たちは、自分たちも冷たく厳しい日本の政治と社会の中で子育てをしてきて、「子育て罰」の被害者でもある世代なので、彼らの間では合意が成り立つんじゃないかと思います。２０１８年には超党派の「ママパパ議連」が発足しています。子ども・家族政策について、子育ての当時者でもある若い世代の議員を中心に政党を超えた政府方針を検討し、提案してほしいです。

桜井　確かに共働き世帯がここまで増えてきて、子どものケアとか子育てとか、そういう義務を全部、専業主婦が背負って、自分は仕事だけみたいなモデルの人たちは、どんどん少なくなってきているわけですよね。出産とか子育てに対する常識はかなり変わってきているわけで、そういう人たちがマジョリティーになりつつある。その人たちの声を一定数、聞かないといけないとなってくると、だいぶ状況は変わってくるのかなと思っています。いまの、政治の上にいる人は、そういうイメージがたぶんまったくできないんでしょう。

末冨　できないと思いますよ。とくに高齢の男性政治家ほど専業主婦の奥さんに支えられて、しかもその奥さんの子育ての苦労を、たぶん見ずに生きてきちゃった人たちが相当数いる感じがします。

桜井　そういう人たちに「子育て罰」を教えるのはなかなか難しい。不可能かもしれない。

末冨　難しいですが、あなたたちがやっている政治は的外れだと言うことはできるし、「この日本からなくさなきゃいけないものとして、あなたたちの政治が積み上げてきた『子育て罰』があるんだよ」というわかりやすいキーワードにすることはすごく大事です。また「与党幹部のあなたたちが『子育て罰』をなくすことができる人たちだ」というメッセージを届けたいですね。実際、与野党ともに50代半ばより若い政治家たちは独身だろうが、既婚だろうが、子どもがいようがいまいが、子どもと子育て政策こそなんとか支援しなきゃいけないっていう強い問題意識を共通してお持ちなんですよね。

――「子育て罰」を解消していこうという思いが広がってきているんですね。

末冨　そこは信じたいし、そういう人たちがちゃんと国会議員になっている。いいことだなって素直に思っています。たとえば自民党内でこども庁の提言を出された職員の方たちは、財源を増やさなきゃいけないという議論からスタートしたり、危機感あふれる提案をされています。５章で詳しく書きますが、自民党の山田太郎《やまだたろう》議員・自見英子《じみはなこ》議員を代表とする勉強会では、財源確保に加え、子どもの〝命〟を守る体制の整備や子どもの人権の擁護《ようご》など、children first（子どもが最優先）という視点からの重要な内容を盛り込んだ提言をされています。子どもを産み育てられる社会じゃないと、あたりまえですが、日本は消えます。日本の消滅を待つのか、それともみんなで支え合って、子どもを産み育てやすいいい社会にするかと問われたら、やっぱりいい社会にしたいですよね。そのためには「少しずつだけど子どものための財源を負担してね」という国民と与野党の対話は十分可能だと信じているんです。

◆官僚の働き方改革が変化の鍵

桜井　官僚のひどい働き方が話題になっているじゃないですか。残業時間１００時間超が普通で、２００時間とか３００時間というとんでもない話も聞く。それこそ帰りが25時、26時というような働き方って、子育てできる環境じゃないですよ。政策形成者がそんなひどい環境で、「子育て罰社会」を改善するための方策を考える思考に果たしてなれるだろうか。日本の中枢がそういう働き方をしている人たちで占められていることは大変な問題だと思います。やっぱり人間的な働き方をしないと、「子育て罰」がどれだけ異様で、改善していくべきだという話にはなっていかないので。

末冨　そうなんですよね。誰でも、自分たちの問題はわかるんですよ。だから、高所得者の児童手当特例給付廃止に怒る人、多いんですけど。

桜井　官僚が、ですか？

末冨　はい、官僚も。子どもを持っている人だと、近いうちに自分ごとになる話ですから。高所得世帯の児童手当の特例給付廃止には怒るんですけど、子どもの貧困対策になると、あまり食いつかないんですよ。「官僚なんだから、格差縮めようとか貧困をなんとかしようとか考えてるよね」と私は思っていたんです。でも、こっちもなるべく具体例を出して持っていくんですが、多くの官僚は共感してくれない。忙しさのせいもあるんでしょうけど。

桜井　温度差があるんですね。

末冨　大学入試でも、低所得世帯には、受験料が払えなくて受験できない子がいるんです。生活保護世帯だと受験料が免除されますが、生活保護基準にはかからない程度の低所得だと、大学の無償化に受験料が入っているという理由で支給されないんです。だから、自分で受験料を貯めておかないと、受験できない。親が使い込んだりもするので、高校の先生が親に黙って口座を作って学校で通帳を管理したりして、子どもは自分で受験料や旅費を稼いで貯めなきゃいけない。

――ひどい……。

末冨　だから「高校の無償化に受験料などの補助を入れてもらえませんか」という話をしたんですが、文科省の幹部は最初、反応が薄かったです。最近になって、問題の深刻さを理解してくれた心ある官僚が動いてくれるようになったんですが。

桜井　そっか。それは厳しいですね。

末冨　厚労省も反応が薄いです。厚労省もいま、新型コロナ禍で仕事がまわってないんですよね。官僚の人員不足。本当に精力的な官僚なら政治家に掛け合ってくれるんです。ただ、その時間が年々、なくなっている。だから、大事な問題だとわかっていても、本当は共感もしたいのかもしれないけど、できなくなっているし、結果、そのことが生活の厳しい子育て層への政策の進化の速度を阻んでいると思うんですよね。

桜井　なるほど。

末冨　私、「子育て罰」を少しでもなんとかしたいと、いろんな国会議員と連絡を取るようになったんですけど、なぜかといったら官僚が動きたくても動けないから。1つは時間がない問題ですが、もう1つがやっぱり政治主導の問題で、結局、官邸に睨まれると出世できないから動かない。官僚が動けなくなってるから、代わりに問題意識がある研究者、ロビー団体が動いている。あすのばもそうだし、尽力している団体は多いです。生活保護関係だと、もやいさん[17]とかですかね。

桜井　そうですね。つくろい東京ファンド[18]の稲葉さんとか、いくつかありますけど。

末冨　その支援団体ひとつひとつがすごく忙しいし、深刻なケースを抱えてるんですね。その中で昔なら官僚がやっていたことをいま、民間のロビー団体がやらなきゃいけなくなっている。さっき桜井さんがおっしゃった戦略、戦術でいうと、戦術レベルでも、いい政策や制度を考えられる優秀な官僚の人数があまりにも不足しているんです。だからこそかなり危ないんです。

桜井　深刻ですね。

末冨　政治がまず、全体状況をちゃんとデータを見て把握していない。行政は人手不足で、政策立案能力も、制度運用能力も低下している。コロナの対策も同じじゃないですか。「Go

「Toイート・トラベルキャンペーン」をやめないと菅さんが言った時点で、「何を考えているんだろう、エビデンスやデータを理解してから判断していないのでは」と、私は強い不安を感じました。自民党の高齢政治家たちは、同じようなことを、こども庁や、２０２０年には９月入学騒動[19]とかでやらかそうとしたわけですよね。全体状況を見ずに、有力政治家が自分の力を見せつけるやり方として、思いつきで子どもを利用するっていうこと自体が「子育て罰」なんですよね。

それに拍車をかけているのが官僚の不足。絶対数として足りていない。それぞれのルーティンや国会質問とかをまわすのに一生懸命で、たとえば、検定料のことや受験料のことも改善したいのに、できない。もし現場がまわっていたら、子どもの貧困対策、少子化対策のた

17　認定ＮＰＯ法人自立生活サポートセンター・もやい。生活困窮者への相談、居場所事業、自立生活の支援を行う。

18　立教大学大学院稲葉剛特任准教授が理事を務める一般社団法人つくろい東京ファンド。とくに「すまい」の生活困窮者の支援を行う。

19　２０２０年４月30日、新型コロナウイルス感染拡大防止のための学校休校が長期化する中、「９月入学の検討」を政府が関係省庁に指示したことから、世論を二分する騒動に。５月11日、日本教育学会が「拙速な導入はかえって問題を深刻化する」と声明を出した。

めに、児童手当削減に対してもっと抵抗してくれたかもしれないんですよね。

桜井　１９７０年代ぐらいまでは、厚生官僚も日本の貧困をどう解決していくのかという視野で制度を組んでいたと思うんですけれど、いまは全然、弱くなっている気はします。官僚の多忙は１つの要因ですし、政治主導というのも大きいでしょうね。こども庁的な発想って、たぶん現場をわかっている行政官僚からは出てこないと思うので。ある意味首相のレガシー的な感じですもんね。

末冨　そうそう。首相はとにかく名前を残したいんですよ。もう菅さんはデジタル庁[20]で名前残したんだからいいじゃんと思うんですけど。「子どもにいいことやってます感」だけ出して、財源は増やす気はないのではと心配です。だから、高所得層の児童手当を削るわけでしょう。財源を増やす気のない人が、公務員も増やさずに「こども庁」という形だけ作る。官僚不足のままで強行すればいいままでの子どもに関する政策すら崩れていくのが目に見えています。

４・４　「子育て罰」と私たち

桜井　政治だけでなく、社会全体が子育て罰を与えているというふうに考えることも非常に大事だと思っています。さっきから話題に出ている残業体質って、日本社会に固有の問題ですよね。職場の会議が夕方から普通に設定されるとか。その辺りはヨーロッパ諸国などではかなり異様に映っていると思います。賃金や所得にあらわれない子育て世代を罰している社会構造みたいな部分も、もうちょっと露《あらわ》にしていく必要はあると思います。

末冨　たとえばですけど、イギリスは子連れで学会に行くと、とてもあたたかいんです。子どもを連れていることによって逆に、世の中の人がやさしく話し掛けてくれる。「あなたたちどこから来たの？」とか、道に迷ってるふうだと「どうしたの？」みたいに。大人のアジア人女性が１人でいてもとくにやさしくされませんが、アメリカにせよイギリスにせよ、私がフィールドにしている国って、子連れだとあたりまえのようにすごくやさしくなるんです。翻って日本社会は、大人がそもそも子どもにやさしくできなくなっている。子どもにやさしくしないことがあたりまえになっている社会が、「子育て罰」を支えているんだと考えています。とくに職場の影響って大きいですよね。

20　菅総理の肝入り政策として２０２０年５月12日に「デジタル改革関連法」がスピード可決。２０２１年９月に創設される予定。

桜井　そうですね。たとえば新型コロナ禍で起きたいいことの1つは、飲み会が激減したことですね。日本社会の飲み会は、その中でなんらかの意思決定があったりするじゃないですか。それも「子育て罰」に近いところがある。飲み会に参加できない多くの子育て女性が、主要な昇進や社内での重要な仕事からパージされてしまう。飲み会ってそういうインフォーマルな機能が絶対あったと思うんです。

末冨　日本の人事って不思議なことに、飲み会で決まるんですよね。そこもフェアじゃない。男性も女性と同じように育休を取ったり、「子どもが熱出したんで」みたいなことで早く退社できたりする会社とそうじゃない会社の差がひどい。社会、とくに職場を変えていく必要性をすごく感じます。

――桜井さん、低所得層の場合は、状況が少し違いますか？

桜井　そうですね。いまの話は、やや中間層の悩みっぽく聞こえたかもしれません。低所得層の場合は、昇進とかの前に、そもそも低賃金の非正規職が多いですよね。子育てもそうですが、家計的に苦しくて飲み会なんて行ってられない。子どもがいることでブロックされるのもあるし、「残業できないでしょう」とか面接で普通に言われるわけですよ。「男的な労働ができないでしょう」というニュアンスですよね。結局、残業したり、会社の飲み会に参加して、わかりやすいヨイショができない人たちは、どんどん省かれて、非正規で部分的なパートの仕事に追いやられて、非正規構造、低賃金構造が温存されます。

末冨　男性で、フルタイムワーカーで、かつ、飲み会に行ける人が有利になる会社ゲームのルール自体を変えていかなければならないですね。

桜井　それに、男性全員がそういう飲み会を好きなわけがないですよね。でも、一応、そこに参加しないと、のし上がっていけないというふうになっている。だったら「みんなでそういうの、やめていこうよ」っていう流れにしないといけないですね。それを放置している我々の責任もあります。

末冨　ちょっとわきまえないパパやママになる。ちょっとずつならできると思うんですよ。私みたいに抵抗能力がある人ばかりじゃないので、ちょっとずつ、しれっと。

桜井　子育てしている人たちが参加できないような会議や飲み会を見つけたら、時間や場所の変更を提案してみるとか。飲み会じゃなくてランチ会で十分ですしね。

末冨　あとは、子育てしている自分、職業人としての自分のアイデンティティーを宣言しちゃうのもいいと思います。教員になった教え子でパワフルで面白い女性がいて、結婚して子育てをしながら、「私、上を目指してます」「でも、子育てもします」と、ずっと言っているんですね。そういうふうに自分のライフスタイルを周りに伝えることはできるわけですよね。男性も、「自分はそんなに出世を目指してませんから」って少しずつ言えるようになってきているのではないでしょうか。

桜井　職場の環境を変えていくのは、自分たちでもできることですよね。

末冨　そうです。ちょっとずつでいいので、わきまえないパパ、ママになる。できることからやってみましょう。

桜井　残業しない、させないも本当に大きいと思っていて。男性でも、保育所の送迎や帰って子どもをお風呂に入れないといけない人がたくさんいます。でも、それは長時間労働とか残業があたりまえになっている社会だとできなくなる。つまり、長時間労働や残業を容認する文化や職場って、ある意味「子育て罰」に加担しちゃっているわけですよ。

末冨　まあ、研究者はあんまり人のこと言えないんですけど。すみません、私も働きすぎないよう頑張ります。

◆日本が考えるべき「チャイルドボーナス」

桜井　何度も言っているように、もともとの「child penalty」は経済学中心の考え方で、基本的には賃金の問題でした。子育てをしている、とくに女性の所得が、子育てをしていない世帯の所得に比べて低いのは、実質上ペナルティを受けているようなものだというところから派生した概念です。その考え方でいうと、ペナルティがあるなら同じようにボーナスもある。第2章で書いた再分配の話です。日本はそのペナルティが格別に大きいのですが、反対にペナルティがちゃんと保障されてゼロになる、むしろ、子育てをしている方が所得が高くなるのが北欧諸国です。子育てが、ペナルティどころかボーナスになっている。子育ては罰どころか、社会が応援し、奨励してくれることになります。それは、後々の社会連帯とか社会の中での子育てという考え方につながると思うんです。日本のように、子育てを自分1人で、あるいは自分と家族、配偶者だけでなんとかやりきったというような考え方ではなく、北欧のように、社会の応援のもとで子育てしているという実感を持つためには、社会の空気も大事ですけれども、具体的な再分配でどれだけ補償できるかというのも非常に大きいですよね。

末冨　そうですね。とくに、低所得層やシングルマザーのような厳しい家庭こそ、手厚く応援することで、その親子にこの社会で生きていこうという前向きな気持ちが生まれるんです。そこがすごく大事ですね。衣食住が足りると前向きになる。ところがいま、まず衣食住が足

りていない。だから、意欲が出ない、学ぶこともあきらめる。貧困層はずっと貧困層のままという貧困の再生産が起きている状態です。

桜井　その連鎖を断ち切るためには、子どもたちにポジティブな意欲を生み出すことがすごく大事になる。

末冨　はい。たとえば、子どもの貧困対策の先進自治体はどこも、単純に「人並み」じゃなく、むしろ「子どもが意欲を持ってどんどん活躍していけるように」という打ち出し方をするんですね。生まれに関係なく、どの子も高いレベルにという高い支援を目指して初めて貧困・格差が改善するという発想です。たとえば、大阪府箕面《みのお》市は、どの世帯、どの所得層も支援していくことがあたりまえなんです。子どもの数とか、低所得、高所得といった世帯の違いで分断しない。どの子も同じように支援の対象にしていこうというふうに、自治体のレベルだと政策の発想がだいぶ進んでいるんです。

桜井　なるほど。

末冨　手厚い支援を機能させるには、低所得層であっても高いレベルのところまで行けるような仕組み作りが必要ですよね。東京では、足立《あだち》区がそうなんですよ。足立区は、困窮世帯からも東大生が出現する自治体なんです。

――え、そうなんですか？

末冨　足立区は、23区の中では低所得層が多いんですが、放課後の学習支援が充実しているんですね。学校の先生も頑張ってるし、いろんな団体を入れながら、子どもの居場所を確保しています。ですから、低所得層に生まれても自治体の生活支援にアクセスしやすいので、勉強も頑張れる。中学生向けに民間の進学塾と連携した『足立はばたき塾』[21]を開いていて、お金はないけれど勉強したいというやる気のある子は、どんどんそこでチャレンジできる。それを全部、区のお金でやっています。

――素敵ですね。足立区に引っ越したくなります。

21　家庭の事情などにより塾等の学習機会が少ないが、成績上位で難関高校等への進学を目指す中学３年生１００人に対し、１年間無料で受験指導を行っている。

末冨　ですから、困窮層であっても東大生が普通に出る。実際に私も、大学生の教育格差を考えるイベントで、はばたき塾出身者の東大生に会いました。

桜井　自治体や民間の実践は本当に様々で、すごく面白いものもありますよね。それ自体は本当に救いになります。と言いつつ、個人的には「別に東大なんか行かなくていいかな」ってのもあります（笑）。ずっと言っていることなのですが、貧困層の子どもが頑張って東大に行けるようになるより、たとえ中退しても貧困にならない社会のほうがずっと大事。努力している人を貶《おとし》めるつもりはないですけど、一定の成功モデルって逆に、それが抑圧的になってしまうところもあるじゃないですか。

末冨　勉強を頑張る人しか支援の対象にならない、みたいなことですよね。

桜井　そう。逆転するわけです。どの子も高いレベルに行けるという話になったときに、逆に、「高いレベルに行く」という言説の持つ問題が不問にされてしまう。そこをどう考えれば良いのかなっていうのは、ずっと悩んでいます。

末冨　結局のところ、子どもたちに「この社会に生まれてきてくれてありがとう」ということを、大人たち、とくに政治や企業がどう表現するかだと思うんです。政策では児童手当だと思っているんですが、企業でいえばさっき言った働き方の話になりますよね。これだけの少子化の国で子どもを産んだ人には、本来「産んでくれてありがとう」と表現するべきなんです。だって、誰かが産まなきゃ、日本は亡びるんですから。個人レベルで表現できるありがとうが、飲み会じゃなくてランチ会でコミュニケーションを取るようにするとか、ベビーカーを見たら蹴るんじゃなくて、階段を一緒に運んであげようとするとかなんですね。

桜井　その話、１章を読んで驚きました。ベビーカーを蹴る人がいるなんて、男性の僕からしたら、いくらなんでもないだろう、と思ってしまってたんですが。

末冨　成人男性がベビーカーを押していても誰も蹴らないと思うんですよ。でも、女性がベビーカーを押していると、すごい冷たいんですよ。

桜井　全然、見えてなかった。そうなんだ。

末冨　私、背が小さいし、黙っていればおとなしそうに見えますから。

桜井　本当はわきまえない女なのに（笑）。

末冨　しゃべるとわきまえないけど（笑）、黙ってるとおとなしそうに見えるので。２回ともとてもショックでしばらく凹みました。ただ、凹みながら電車に乗ったとき、おばあちゃまに「赤ちゃん、かわいいわね」と話しかけてもらったことには、本当に癒されました。やっぱり、日本人はチャイルドボーナスを考えるべきなんですよ。所得再分配だけじゃなく、子どもたちに対して「この社会に生まれてきてくれてありがとう」という気持ちを、少しずつでいいから、みんなに持ってほしいんです。その気持ちが子どもと親へのチャイルドボーナスになるんですよ。

桜井　そうですね。

末冨　それは子どもの権利の話でもあって、新しい命がこの社会に誕生したことをどうやって祝福するかということですから。それをあえて、形で見せていかないとダメだと思います。ただ、日本ではチャイルドボーナスの概念どころか、子育て罰をなくすことから始めなくてはなりません。

――でも、ベビーカーを蹴るような人って、そもそも子どもがこの世の中に生まれてきてくれたことを「ありがとう」とはまったく思っていませんよね。

末冨　そうですね。結局のところ、子どもにお金がかかること、それを親が担わなきゃいけないことが、子ども嫌いや子どもはいらないという思いを社会に増やしている原因であると私は考えているんですよね。3章に書きましたが、親には2タイプいることがわかりました。1つ目は子育てを楽しんで、子どもの成長を応援するタイプのポジティブなスポンサータイプ。子どもに見返りを求めません。もう1つは、ただ仕方なくお金をかけているネガティブなスポンサータイプ。「産んじゃったからには仕方ないよね」みたいな、意識の見えなさが印象的な人たちです。産んでみて「大学とか高校とか、ここまでお金がかかるんだ」「早く卒業してくれないかな」みたいな。でも、実際そういうタイプの親、多いんですよね。

桜井　それは親の問題というよりは、教育にお金かかりすぎる社会の問題ですね。

末冨　そう、社会の問題なんです。産んでから「あーあ」って感じになるんです。

――「お前のせいでお母さんは夢を諦めたんだ」的なことを言う親ですか？

末冨　そう。あと、「仕事を辞めたいけど、あなたのせいで辞められないわよね」みたいなことを子どもに向かって言っちゃうとか。結局、子どもを産み育てることが楽しい社会じゃなくなっている。

――なるほど。そういう親に育てられた子どもがまた、ベビーカーを蹴る人になったり。

末冨　あるいは、そもそも結婚という選択をしなかったり、子どもを持つ選択をしなかったり。そういった悪循環が生まれているのがたぶん、最広義での「子育て罰」だと思いますね。

桜井　みんなが「意識の高い子育て人になりましょう」じゃなくても、せめて子育てに憎悪《ぞうお》を抱かなくて済むような社会にしたいですよね。たとえば、インスタでよくあるようなキラキラ子育てばかりが目に入ると、それができていない人はしんどくなったりするじゃないですか。

末冨　そうそう。キラキラしてない子育てを普通にするのも大事ですよね。私も、もうちょっと子どもが成長したら、働く母親のクタクタな子育てについて、何かの形で発信したいなと思っています。いまはまだ子どもが多感な時期なので、言えないですけど。

桜井　インスタの子育てより、Twitterの子育てを見るほうがいいかもしれない。

末冨　Twitterの子育ては、確かにキラキラしてないし、安心しますよ。最近、そういう頑張らない系の子育て本も多くなりましたけど、それでも日本社会で生まれ育った人の多くは相当意識が高いし、生まれたからにはちゃんと育てたいという意識が強いんですよ。その気持ちは大事です。だからこそ、子どもを「かわいいね」と普通に思える社会にするために、いまの子育ての苦労をどうやって減らしていくかというところに尽きると思うんです。

――子育てをキラキラにするんじゃなく、つらくないものにする。

末冨　子育て＝つらいものと思わなくて済む社会にする。教育の無償化は、そこで初めて大事な概念になってくるんです。高校と大学、専修学校も本当にお金がかかるんですね。そこの「親負担ルール」の負担を軽減していくためには、中所得層にまで教育の無償化を拡大していかなきゃいけない。私はずーっと国会議員にそのお願いをし続けています。公明党は、私学無償化、私学高校無償化を年収５９０万円まで延ばしてくれました[22]。

桜井　大学もそうするべきですよね。上限が低すぎます。

末冨　いま、私学の無償化対象は、年収３８０万円以下の家庭ですからね。せめて５００万〜６００万円台くらいにはすべき。

桜井　３８０万では、相当きついですよ。

末冨　大学の無償化も、高校の無償化と同じ中所得層まで延ばしてもらえれば、絶対、出生数は回復しますって。

桜井　断言しますね（笑）。

末冨　中央大学の山田昌弘先生も、お金がかからずに大学まで行ける制度を提言されていて、少なくとも人口の半分、できれば８割方まで含めたいとおっしゃっています。そうなると高校の無償化と同じ、年収９１０万円世帯まで[23]なんですよ。

――ただ、やはりそこで切られると、高所得層は「なんのために働いて子育てしてるん

22　第３章１３３ページ参照
23　第１章44ページ参照

だ」となって「シンガポール行っちゃおう」になるんですよね。

末冨　それを止めるためには、普遍給付です。児童手当はもちろん教育の無償化も、たとえば年額10万円でもいいから、どの子にも大学や専修学校までは年額10万円の支援をする。行かなかった人は、たとえば30歳までその権利を使えるみたいにしておくと、どの人も学びやすいし、人生の選択肢が広がると思うんです。とにかく日本で生まれた子どもは、親が低所得であろうと高所得であろうと全員、大学までは支援しますということにすれば、少なくとも出生数は増えます。

――第2子、第3子を産んで育てられるようになるということですね。

末冨　ええ、やっぱり子どももひとりひとり、どの子も親とは違う存在ですからね。子どももそれぞれを祝福する仕組みがあるべきで、チャイルドボーナスは子どもひとりひとりに与えられるものでなければならないんです。ですから、子ども手当や児童手当は、普遍給付がベースです。そう強く言いたいです。

◆自分のためだけに頑張り続けられるラッキーな環境

――子どもひとりひとりに人権がある。日本の社会にはそのことが共有されていない感じがします。

末冨　その象徴が体罰の容認です。2021年にNGO団体の「セーブ・ザ・チルドレン」が行った調査では、まだ4割もの人が体罰を肯定していました。先進国としてあり得ない数字ですよ。

桜井　体罰はダメだと言っていても、「自分は体罰を受けてきた」し、「子どもなんだから教える必要があるでしょう」と、心中では思っている人はまだ絶対、大勢いますよね。

末冨　私もやっぱり叩かれたり蹴られたりして育ってきましたけど、殴られたり暴言を浴びると、それだけで脳にダメージを及ぼすという科学的な知見[24]を見ると、絶対やっちゃダメだと思います。そんな私でも、子育てのストレスや家計の苦しさで追いつめられた時に、数えるほどですがネグレクトや暴言をしてしまったことがあります。それが広義の「子育て罰社会」の恐ろしいところです。

24　友田明美福井大学子どものこころの発達研究センター教授らによる研究では「驚くべきことに『体罰』でも脳が打撃を受けることがわかった。厳格な体罰（頬への平手打ちやベルト、杖などで尻をたたくなどの行為）を長期かつ継続的に受けた人たちの脳では、前頭前野の一部である右前頭前野内側部の容積が平均19・1パーセントも小さくなっていた」（Tomoda et al., 2009）

桜井　なるほど。

末冨　ママもパパも孤立させ、追い詰めるのが「子育て罰社会」です。社会が「じゃあ、親が体罰をしないようにするにはどうしたらいいだろう」という発想に動けば、「子どもを持つ人にはやさしくしないといけない」ということが分かる。そうやって、ママパパを孤立させない社会に変わっていくんです。「体罰はダメです」と責めるんじゃなく、「体罰しないで済むように、親や子どもたちを応援しましょう」という方が、よっぽど大事なメッセージ。でも、日本はなんでも「ダメですメッセージ」にしたがるんですよ。あれは、やめていただきたいですね。

桜井　問題や解決方法が個人化してしまうんですよね。社会的排除と社会的孤立の文脈でもそうで、最近、政治が使っている社会的孤立って、社会の側が排除しているという話をあまり使わず、孤立しているかわいそうな人がいるから支援しようみたいな話ばかりですね。そもそも政治も含めて、制度がそれこそ排除的ですよ。制度や社会構造の側からの排除はほとんど問われず、「個人が勝手に孤立しちゃってる。かわいそう。じゃあ、地域に頑張ってもらおう」みたいな話になっていくわけですよ。

末冨　そうですね。孤立する側に問題を見出しがちですけど、なぜ、その人が孤立していったかというと、職場でハラスメントを受けて人と接するのが怖くなったとか、職場の問題であることが多いです。部活のしごきとかいじめにも通じる問題ですよ。それが先輩から後輩に受け継がれていく体質から、社会を変えていかなくてはいけませんよね。

――いま社会的地位の高い人は、「自分はつらくても頑張った」っていう自負がありますよね。いまの地位は自分の努力のおかげである、と信じているように見えます。

末冨　そうです。生まれた場所や性別など、自分たちの属性によって与えられているものを、自分の実力だと誤認してしまう。それ、一番格好悪いことなんですけどね。そういう誤認をしている人は、特に地位のある男性に残念ながら多いです。

桜井　それはある。びっくりしますよね。

末冨　この本を書くにあたり、いろいろ子育て関連の本を読みましたが、立命館大学の筒井《つつい》淳《じゅん》也《や》教授が『仕事と家族――日本はなぜ働きづらく、産みにくいのか』で重要な指摘をされていました。要約すると「結局、男性側の刷り込まれた意識を変えるためには、男性に子育てやジェンダーを教えるしかない」と。学べば改善できるのに、学ぶ機会がないのがいまの日本の学校教育なんですよね。

桜井　確かにないですね。ほとんどない。

末冨　ジェンダーの不平等や政治の女性参画度の低さは、データで教えられても、なぜそうなっているのか、どう改善し、女性に対してどうふるまうべきなのかまでは教えない。いまこの社会にある社会的排除について、きちんと学校教育の中で教えられていないんです。女性の方も、自分たちが虐げられている存在だということを正しく認識できていなければ、わきまえない女にはなれないわけですよ。

――わきまえない女になるには、知識が必要なんですね。

末冨　学びを変えることはとても大事で、実は、文科省の新しい学習指導要領に期待しているのはそういうところなんです。「主体的・対話的で深い学び」と謳《うた》っていますが、子どもたちが自らどんどん知識と行動を広げて社会に参画できる人になってほしいというのが、新指導要領の狙いです。だとすれば、いまある社会的排除について、「どうやったらこの問題を改善できるのか」という角度から学んで考え、行動していくことができるはずです。「いまこういう問題がありますね」だけではもうダメなんです。男性が変われば社会が変わるという筒井先生の提言は、今回私が読んだ専門書の中で、深く納得できたものの１つです。

桜井　自己責任論はけっこう叩かれるようになってきましたよね。一方で、自分の能力や社会的な達成が自分の努力の結果によるものだという考え方はまだまだ根強いです。でも、それも自己責任論と根っこは同じです。東大に進学した、有名企業に就職した、地位の高い役職に就いた、本が売れた。そういう人たちは、もちろん頑張ってないわけではないんですね。個々にその場ですごい努力はされたんでしょうけど、でも、成功や達成がそれだけで構築されているはずがないのに、「自分が頑張ったから」というふうに内面化しちゃう。そのことってすごい根深いですよね。

末冨　頑張ってはおられるんですけどね。

桜井　頑張ってはいます。でも、**頑張っているってことは、自分のためだけに頑張り続けられるとてもラッキーな環境に生まれたということでもある。**そういう環境に生まれた人は、同じ時代を生きていて頑張る気持ちすら持てなかった人がいることを知らなきゃいけない。

末冨　それは、松岡亮二さんも『教育格差──階層・地域・学歴』の中で指摘しているし、私も内閣府の子どもの貧困対策の委員でもありますから、「この中には親から愛されて頑張る気持ちが当たり前に持てている人と、逆に、そうじゃないなかでものすごく努力してきた人がいます」と学生に言っています。違う存在の人たちが身近にいることをちゃんとわかっておかないと、ラッキーな環境に生まれた人の言動が残酷になる。

桜井　そうなんですよね。

末冨　自分のためだけに頑張り続けることができる環境って実は、すごい贅沢な環境で。「奨学金、借りようか」とか悩まなくていい人生って、それだけでとてもラッキーじゃないですか。

◆人権に努力は関係ない

末冨　結局のところ、「あなたが生きていてくれるとすごく嬉しい」っていう感覚が日本には少ないのが問題です。私も、子どもの貧困対策にかかわってから、この感覚の大切さに気が付いたんですけど。

桜井　日本の学校が、そういうところですからね。頑張る人が評価される場合が多い。でも、基本的なことですが、人権や権利に「頑張っているかどうか」は関係ないんです。

末冨　そうなんですよ。たとえば、生活困窮者自立支援事業の居場所事業とか学習支援事業、あと、教育困難校[25]と呼ばれる学校のいくつかは、本当に、「あなたが生きて私たちと出会えたこと、それだけで嬉しい」という気持ちを根っこのところに持ちながら、生きること自体を祝福する感覚があるんです。それってアメリカやヨーロッパ、キリスト教圏では普通にあることですよね。

桜井　ところが、日本の場合、努力した人しか承認されない。

末冨　だから、赤ちゃんをかわいいって思えない人がいるんです。赤ちゃんって、究極的に何もできないじゃないですか。

桜井　できないどころか、依存するしかないですからね。

末冨　できるかできないかで人を見ちゃえば、赤ちゃんはマイナスレベルです。だから、できる、できない、努力する、しないで人を見ない。目の前の人を私と同じように生きている存在として見られるかどうかということこそが重要なんです。でも、これ、教員や教育学の研究者の中にもできない人がいて。

桜井　障害者問題、障害者教育にも似たところがあります。

末冨　たとえば、教員の研修で「不登校の子が苦しんでいるのは、あなたは頑張っていないという目線を押し付けているからですよね」みたいな話をすると、「はて?」という顔をされる方がいます。「子どもたちは頑張らなくてもいいじゃないですか」と学会で発言したと

25　「教育の本来の目的である多彩な教育活動に困難が伴っている学校」（朝比奈なを「ルポ教育困難校」（朝日新書））

きにも、「はてっ?」って顔をした人が何人かいて。その人たちには全く通じてないんですよ。

桜井　その「はて?」っていうのはきついですよね。価値感の土台が違う。

末冨　もちろん、深く納得してくださる教員や研究者もたくさんいますよ。年々、増えていると思います。とくに困難な状況の子どもたちって、何回も命の危機をくぐり抜けて、それでも生きている子たちなんですよ。自分がいつ死んでもおかしくないし、なんなら死にたいって思っている子たちが、いま、生きて目の前にいる。そのことの尊さを、大げさでもなく普通に受け止める現場は、日本にも確実にあるんです。そこに出会ったときに、ヨーロッパとかアメリカでは普通の「あなたが生きていて私も嬉しい」という感覚が、日本にもあったんだ、と共感しました。私はそれを、あたりまえにしていきたいんです。それは、人間の権利と尊厳という言葉を、ちゃんと自分たちの意識や感情に落とし込めるかということです。ただ、意識とか感情ってそんなに変わらない。だとしたら、変えられるのは政策や制度の方。それを変えられるのは政治だけです。

桜井　そうですね。

末冨　「子どもを大切にする社会になろう」というふうにまず、政治がメッセージを変える。

子ども手当も、教育の無償化も、制度もそうですが、「まずお金を変えよう」と。仕組みを変えれば、意識は変わるんです。虐待については制度、仕組み、意識の改善が進んできています。性暴力や性教育に対してもそうなれるはずです。望まない妊娠をしないようにということも含めて、変えられるのは制度や政策なんです。十分可能だと思っています。

桜井　これは自分の経験なんですけど、市役所の職員だった最後の年ぐらいですかね。ケースワーカーの仲間たちと一緒に、生活保護で大学に進学している学生の実態調査をしたんです。その当時、生活保護で大学に進学すると、大学進学した時点で保護が打ち切りになるんですね。

末冨　いまもそうですよね。無償化は受けられるけど、親が生活保護を打ち切られる。だから、一部の親は大学や専修学校には行かせないようにする。

桜井　当時は学費の無償化すらなくて、そういう子には貸与型奨学金しかなかったんです。最高で月17万４０００円。つまり、毎月17万４０００円ずつ借金が増えていく生活になる。

末冨　生活保護を切られてしまうと、アルバイトをしたとしても、貸与型奨学金が生活費にまわってしまいますよね。

桜井　はい。「これは生活保護の問題でもある」と、当時、私がいた自治体でもケースワーカーが実際の聞き取り調査をしたんです。高校生、大学生を１００人ぐらい調査してわかったのが、その人たちは生活がめちゃめちゃ厳しいということだったんですよ。毎月10万とか17万とか、奨学金の借金を積み重ねて、しかも、アルバイトなんかすごい時間やっているわけです。そのうえ学校の勉強は、まわりと同じだけしないと単位が取れない。

末冨　わかりますよ、そのつらさ。

桜井　そうした状況を上に報告すると、「それで、その子たちはちゃんといい（偏差値の）大学に行けてるの?」とか「卒業後にいい就職ができているのか?」と、関心が保護世帯の子どもが直面する困難よりも「良い進学」や「良い就職」に向いているんです。

末冨　取り組み自体が変質してしまうんですね。

桜井　いまでは、制度がだいぶ変わって、一部ですけれど、生活保護も大学進学をサポートする形にはなったんですが、基本的には進学率の上昇、進学後の就職のための政策なんですよね。苦しんでいる子どもを助けようという発想ではなく、どうやって良き市民、良き労働者を作ろうかみたいな発想になっていく。それはきついなと思いました。

末冨　それはきついですね。児童養護施設の子どもが「哲学を学びたい」と言ったときに、「そういう役に立たないことは学ばない方がいい」と指導員が答えたというのを聞いたときは愕然としました。高校の先生も「役に立つことを学べ」とか言ってしまう。研究者としては「哲学が役に立たないなんて言うな！」と、がんがん噛みつきたいところですが、そもそも子どもにかかわる人たちが、その子の人生の自由とか権利を軽んじているということですから。

桜井　そういう発想自体を改めていかなきゃいけないですね。

末冨　そこは、長い道のりかもしれないですが、必ず変わると思っています。実際、教育政策はやっといま、子どものウェルビーイングに注目し始めているんです。テストの点数よりも、学ぶのが楽しい、学校に行くのが楽しい、あるいは不登校にならなくて済むように、いろいろな状況の子どもを受け止めてくれる先生との信頼関係が築けているというようなことが、評価されつつあるんです。福祉の分野では、もともと子どものウェルビーイングに注目していますよね。その背景には子どもの権利概念がある。

桜井　そうですね。福祉ってまさにそれ（ウェルビーイング）ですから。

末冨　教育分野には、いままでほとんどなかったので、子どもの権利概念を基盤に置きながら、いかに学校や学びを変えていくかというのが、最近の私の教育学者としてのライフワークです。役に立つ、立たない、できる、できないだけで人を判断しない学校になってほしい。

一緒にいて安心できる、元気がない時には距離を保ちつつ実はそっと見ていてくれるような先生、そして学ぶことが楽しいと思える教室、学校を増やしたいんです。でも、現状はできる、できないで差別する言い方をしたり、いて楽しくない学級、たとえば贔屓《ひいき》したりして子どもの関係をぎすぎすさせるやり方で学級をコントロールする先生、あるいは大きな声で怒鳴りつける先生……。

——親になって心配が尽きないのは、そういうことでもありますね。

末冨　そうやって、子どもを何かの物差しで測ってその規格に合わなければ切り捨てるのは、大人の側が作り出した文化ですよね。それによって子どもも親も、すごく生きづらい社会になっちゃっている。それを変えられるのは、子どもひとりひとりに権利があり、尊厳があるという感覚です。それは、目の前にどんなに憎たらしい人がいても、たとえ自分たちのことしか考えていないこの国の偉い政治家であっても、「この人もちゃんと権利と尊厳を持った人である」と見ることができるかどうかっていうチャレンジなんですよ。

——なかなかハードなチャレンジですね……。

末冨　でも私、そういう偉い人たちも権利と尊厳の対象だと思っていますよ。

桜井　相互理解が簡単でなくたって、それが人権の尊重というものですからね。みんなで生きていくって、そういうことです。

この対談は２０２１年４月９日、光文社で行われました。

構成／川上典子

第5章

「子育て罰」をなくそう

──失敗を受け入れ、「親子にやさしい日本」に変えるために──

末冨 芳

終章をまとめるにあたって、この本が、政治と社会が子どもと親に加える「子育て罰」という課題をあきらかにし、そして、なくしていくという目的を持っていたことを、もう一度思い出しておきたいと思います。

そんなことができるのか、と疑う読者もおられるかもしれませんが、私自身は、「子育て罰」はなくせる、と考え行動していています。

ひとりの母親として、子どもたちにこんな冷たく厳しい日本の政治・社会を残したくない、良い政治や社会に進化しつなげていきたいという強い信念があることはもちろんです。しかし同時に、社会科学における的確な先行研究、そして困難とともに生きる子どもや親を守るために最前線でたたかい抜いてこられた当事者・支援者、そして政治家や官僚のみなさんとともに考え行動している私は、近い将来に「子育て罰」をなくすことはできると判断しています。

第5章では、ここまでの本書の内容をふまえ、２０２１年5月18日に私が参議院内閣委員会参考人として意見陳述した内容を加えました。本章執筆の２０２１年6月現在、構想中である「こども庁」のゆくえがこれからの日本の親子にとってきわめて重要な問題であることから、各政党の動向をまとめ、「子育て罰」をなくすことができるのかどうかという視点から検討を行っています。よって、本章は2021年6月現在に進行形の内容を多く含みますことを先にお伝えしておきます。

5・1　少子化対策の「失敗学」と「子育て罰」をなくすステップ

「子育て罰」をなくすために、具体的にはどうすれば良いのでしょうか。まずは、政治が少子化対策の失敗を認め、子ども・家族対策へと進化させていく必要があります。

日本の少子化対策とが出生率・出生数ともに改善できなかったのは、その政策スキームが失敗であったことの証左であり、そのスキームを変更できなかった政治の責任です。それを認めることからしか、政治と政策の進化はありません。

第1章で述べたように、自民党は財政制約の中で子どもへの現金給付を抑制し、保育供給や教育の無償化などの現物給付は拡充させる方向での政策を選択してきました。しかし、これらの対策で少子化は改善しなかったというのが事実であり、失敗を失敗として認識することが、いま必要なのです。

1990年の「1・57ショック」以降、政府は少子化対策を進めてきたにもかかわらず、日本の出生率・出生数ともに悪化・停滞を続け、2021年の出生数は、ついに80万人を下回る見込みです。子どもや子育てする親に冷たく厳しい「子育て罰大国」日本を、あたたかい日本に進化させることに成功していれば、このようなことは起きなかったはずです。

ここからは「子育て罰」をなくすための道筋をあきらかにしましょう。「失敗を成功の母にする」ためには、次の４つが必要だと考えています。

日本から「子育て罰」をなくすためのステップ

①「少子化対策」の失敗原因の構造化
②政治の「価値観不良」を正す
③男性優位の政治・行政による失敗の隠蔽をなくす
④「子どもと家族の幸せが最優先」という価値観の共有

①失敗原因の構造化

畑村洋《はたむらよう》太郎《たろう》東京大学名誉教授による著書『失敗学のすすめ』によれば、失敗には階層性があり、個人性が高い要因から社会性の高い要因までピラミッド型の構造をしています。大きく区分すると、個人・家族レベル→企業レベル→政府レベル→社会レベルとなります[1]。「子育て罰」大国である日本の場合には、すでに述べてきたように、組織・企業、政府（政治）、そして社会のすべてが、子どもと子育てする親に冷たく厳しく機能してきました。それゆえに、山田昌弘中央大学教授の指摘される通り、日本の若者は思慮深く「リスク回避的」にならざるをえないのです[2]。

奨学金返済が残っていれば結婚をためらってしまい、子どもを産みたくても高額な出産費用や待機児童問題を考えざるをえず、さらに十分な進学資金の捻出が不可能と判断して、結婚も出産も選択しない若者たちが実際にいます。

このように、結婚し子どもを持とうとする若い世代や、第2子第3子を考えているカップルの前に多くのハードルがあるのは、個人・家族の失敗ではなく、企業・政治・社会の失敗です。今の日本の政治・社会構造では、個人の利益だけを考えた場合、結婚しない、子どもを持たないことが合理的選択になっています。だからこそ、非婚化・無子化が進むのです。

②政治の「価値観不良」を正す

「価値観不良」とは、政治家や官僚が古い、または誤った価値観を持ち、それが適切な判断の妨げとなっている状態を言います。過去の成功体験だけを頼りにしたり、身内のルールばかりに目を向けたりしていると、経済、法律、文化などの面からいわゆる常識的な評価がきちんとできなくなり、価値観不良による失敗に陥りやすくなります。

日本の政治や行政の失敗の多くが、この価値観不良による失敗です。薬害エイズ問題などはその典型です。「本来、国の機関は、国民の利益を優先させるのが鉄則のはずですが、（中略）企業の指導と言う役割以前に、国民の利益を優先する前提があると言う価値観が国の機関に欠落していたのです」と、畑村洋太郎教授は前出の著書で述べています[3]。

本書の第3章でも、子育ての責任を家族に押し付け、政府財政の支出が子ども・教育に振り向けてこられない背景には、政治家や官僚、政府に参加する有識者などの男性エリートたちの古い価値観があると指摘しました。近代家族イデオロギーをいまだに信奉し、専業主婦に子育てを押し付け、女性と子どもへの公的投資や支援を軽視する価値観不良です。

私は、いまでもこうした古い近代家族イデオロギーという価値観を、この国の政治の中枢にいる男性政治家や企業経営者たちも持っているのではないかと疑っているとも書きました。

こうした価値観不良を、政治や企業、とくに男性リーダーたちが正さない限りは、この国から「子育て罰」がなくなることはないでしょう。

また、畑村教授の指摘でもう１つ重要なのは、国民の利益のために本来役割を果たすべき政治・行政が企業利益を優先してしまったことです。国民の利益のために優先されるべき国民の利益とは、第２章で桜井啓太さんが詳しく述べたとおり、もっとも深刻な「子育て罰」を受けている女性たち、とくにシングルマザーの就労上の劣悪な待遇やルールの改善です。しかし、この状況は改善されていません。企業利益を優先させ、「子育て罰」を放置したままの日本だからこそ、子どもを産むことも育てることも困難をきわめるのです。

少子化対策に本気で政治が少子化対策に取り組んでいれば、女性に出産を呼びかけるだけの「産めよ増やせよ」対策ではなく、企業に働きかけ子どもを産み育てる労働者の不利を減少させることができていたはずです。子どものいる女性労働者だけでなく、家族や子育てを重視する男性労働者、つまりママやパパの雇用機会・雇用形態差別、賃金差別、昇進差別などの不利をなくせていたはずなのです。

しかし実際には、政治は逆のことをしています。第１章で指摘したように、高所得世帯の子どもたちから児童手当を奪う法案と同時に国会で可決された「子ども・子育て支援法」では、子育て支援に積極的に取り組む事業主の助成制度は創設されたものの、「子育て罰」企業を撲滅するための情報開示制度は盛り込まれていません。

国土交通省は、悪質な自動車事業者の〝ネガティブ情報の公開〟と検索システムを構築しています。内閣府や厚生労働省は、子育て女性の賃金昇進差別や不当解雇、男性育児休業を取得させない等の「子育て罰」を課す企業の〝ネガティブ情報の公開〟をし、検索システムを早急に構築すべきでしょう。

③男性優位の政治・行政による失敗の隠蔽をなくす

そもそも少子化対策が失敗と認識されていないからこそ、この国の「子育て罰」は厳しさを増してきました。日本政府の少子化対策は「現在も将来も失敗しつづける」という予測は、前出の本田和子お茶の水女子大学名誉教授をはじめ、２０００年代から複数の分野の研究者が指摘してきました[4]。

人口学的には、人口数の多い団塊ジュニア世代の女性が出産年齢を過ぎてしまえば、わが国の出生数の抜本的回復は不可能です。すでに私を含む団塊ジュニア世代は40代後半であり、今後も出生数は減少基調が続き著しく回復できないことは、計量的にあきらかです。

山田昌弘中央大学教授は、国・地方の多くの審議会・研究会等で少子化対策について提言を重ねてこられましたが、少子化対策の失敗を指摘すると、政府高官から「山田君が言ったことを私の立場で言ったら、首が飛んでしまう」と言われたそうです。また、地方自治体の課長が「収入の低い男性は結婚相手として選ばれにくい」という統計分析にもとづく事実を削除するよう依頼に来るなど、数々の隠蔽工作があったことを、著書『日本の少子化対策はなぜ失敗したのか？』で明らかにしておられます[5]。

日本の（男性の）官僚や政治家は「日本の若い世代はいずれ結婚・出産をするに違いない」という価値観不良にもとづいた施策を続けています。「日本社会では、たとえ愛があっても、子ども好きでも、経済的条件が整わなければ、結婚や出産に踏み切らない人が多数派」という[6]、計量分析にもとづく実証研究や欧米社会と日本社会との差異に関する比較分析から導き出した山田教授の指摘を無視してきたのです。

つまり価値観不良の状態に陥っている男性中心の政治と行政の中で、少子化対策の失敗が隠蔽されてきたからこそ、ここまで「子育て罰」がひどくなったのです。この失敗を「成功の母にする」ためには、価値観不良をおこしてきた男性優位の政治家・官僚だけの政治・政策構造を変革しなければなりません。

もちろん女性の政治家・官僚を増やすことも大事ですが、彼女たちは競争的なシステムで生き抜いてきたサバイバーでもあるので、男性エリート以上に心身のタフネスがあり、「自立」「効率」の基準で人間を評価している可能性を想定しなければなりません（研究者の世界もやはり男性優位の競争的社会であり、そこで勝ち抜いてきた私自身も「自立の呪い」が完全には解けていないことを告白しておきます）。

だからこそ、男性優位の官僚や政治家ではない、あるいは男性以上にタフな女性エリートだけでもなく、ふつうの若者や子育てするママパパの政策決定への参画や、的確な調査を通じたニーズ把握や意見反映が重要です。失敗をただ批判しつづけても何も生まれませんが、「失敗をうまく生かせば、将来への大きなプラスへ転じさせる可能性を秘めいている」のです。[7] そのためには、子どもや若者、子育て当事者であるママパパや時には祖父母世代のニーズや意見を反映し、失敗要因と改善策を具体的に明らかにすればいいのです。

畑村教授の「失敗学」には、失敗をした人を批判してはいけない、という教えがありますが[8]、政治や行政はひろく国民からも集める租税を原資に仕事をしています。批判を受け止めることもまた大切にしていただきたいものですが、そこから一歩踏み出し、多様なアクター（行為主体）とともに「子育て罰」をどのようになくしていくかを一緒に考えていくことこそが重要です。

子育て先進自治体であり、「すべての子どもを大切にするまち」をスローガンに子ども増・人口増・税収増を実現してきた兵庫県明石《あかし》市の泉房穂《いずみふさほ》市長や[9]、やはり子育てを重視してこられた東京都三鷹《みたか》市の清原慶子《きよはらけいこ》前市長は、子どもや若者、子育て当事者との意見交換や政策参画、ときには子ども重視政策に反発する高齢者との対話も積極的に行ってこられています[10]。明石市では市議会も変化しており、高校生議会で実際の議案を審議し、議員提出条例案が否決されるなど、議員も「高校生と一緒に議論したほうがまちづくりにプラスになるにきまってるやん」という考え方をもとに行動されているそうです[11]。

子ども、子育てするママパパ、子育てしない層など、多様なアクターとの対話、意見反映や政策参画は、丁寧な参加型民主主義の実践としても重要です。選挙は多数決原理を重視した間接民主主義なので、それだけで子どもや親にあたたかくやさしい日本に進化する手段にはなりえません。多様なアクターとの対話は、限られた税金を有効活用して政策効果をあげるために、重要な手続きでもあるのです。

図5-1　政策の目的は経済ではなく幸せな生活

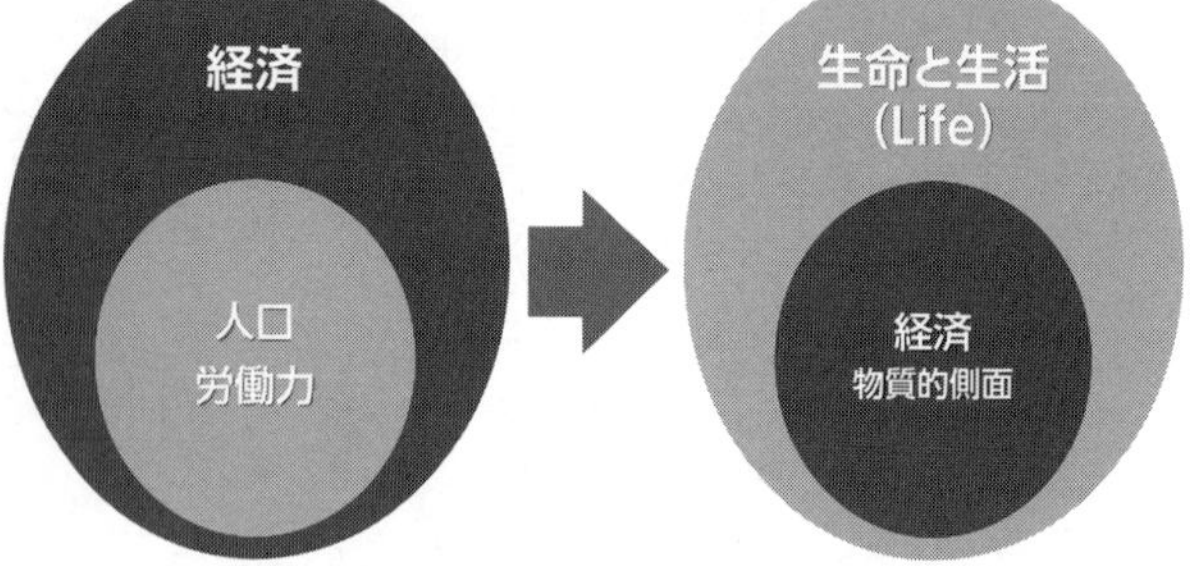

出典：落合恵美子「1970年代以降の人口政策とその結果アジアにおけるケアの脱家族化を中心に」財務省・財務総合研究所・人口動態と経済・社会の変化に関する研究会報告資料p.56（2020）

④「子どもと家族の幸せが最優先」という価値観の共有

少子化対策の「失敗学」として重要なのは、出生数・出生率の改善というゴール自体が、決して適切なものではなかったということです。これまで行ってきた「少子化対策」は、婚姻率をあげ、女性に子どもを産ませるという目的を強調する政策でした。

高齢男性中心の政治リーダーと、やはり男性中心の官僚集団が、「現代の若者・日本人が普通に持っている意識から目をそらし」[12]、とくに女性や子育ての当事者の思いや声、シングルマザーや困窮世帯の子ども・若者たちの悩みや苦しみも無視してきたことが失敗の本質にあるのです。

とくに女性にとっては、出生数・出生率の改善は「産めよ増やせよ」を意味します。日本政府の少子化対策は１９９４年の「エンゼルプラン」以降本格化しましたが、25年以上にわたって出生率・出生数の改善ばかりが強調されてきた状況に、多くの親も女性たちもうんざりしています。

その根底には、「増え続ける高齢者の年金を支えるため」という視点で、日本の政治が労働・納税マシーンともいうべき存在として子どもを見てきた、経済重視の冷たい発想が潜んでいるからです[13]。だからこそ、適切なゴールを設定しなおす――「少子化対策」から「子ども・家族対策」に政策スキームを移行することが必要です。

子ども・家族政策のゴールは「子どもと家族の幸せの実現」です。

これは、日本の家族政策の専門家である落合《おちあい》恵美子《えみこ》京都大学教授、就学前教育の専門家である秋田《あきた》喜代美《きよみ》学習院大学教授が、共通して指摘しておられることです[14]。

図5-1は、落合教授が財務省・財務総合研究所で報告された資料からの引用です。「政策の目的は経済ではなく幸せな生活」「時間的にも経済的にもゆとりをもって楽しく生きていれば出生率も結果として上がるだろう」[15]、と経済重視の少子化対策への明確な批判の姿勢を

確認することができます。

5・2 「親子にやさしい日本」を支える子ども・家族対策へ

本章冒頭で述べたように、私自身は、近い将来に「子育て罰」をなくすことができる、と判断しています。

すでに「子どもと家族の幸せ」をゴールとする子ども・家族対策のために必要な政策と財源は、すでにある程度わかっています。あとは、必要な政策とそのための財源について与野党の政治家が合意形成し、日本に生きる人々にその負担が必要であると合意してもらうだけだからです。それができれば、「子育て罰」を日本からなくすことができます。

以下、２０２１年5月18日の参議院内閣委員会参考人としての意見陳述、同日の公明党「子どもの未来創造」特命チーム（座長・竹内《たけうち》譲《ゆずる》 政務調査会長・事務局長・中野《なかの》洋昌《ひろまさ》衆議院議員）、5月24日の自由民主党「Children First の子ども行政のあり方勉強会」（山田太郎参議院議員・自見英子参議院議員共同代表）、5月25日の立憲民主党「子ども・子育てプロジェクトチーム」（座長・大西《おおにし》健介《けんすけ》衆議院議員）での報告にもとづき、子ども・家族対策のポイントを述べていきます。

いずれの場でも、所属政党、年代、性別を超えて真剣に子どもと親のことを考え、日々ご尽力いただいている国会議員のみなさんからの真摯なご指摘・ご質問をいただき、私自身の発想が広がり、考えが深まったことをここに明記しておきます。こうした場に参加する機会を与えていただいたからこそ、「子育て罰」を親子に課してきた日本の政治は変わりつつあるし、近い将来大きく進化できると予測しています。

私が子ども・家族対策の柱としてあげたのは、以下の3つです。

「親子にやさしい日本」を支える子ども・家族対策

①すべての子どもを大切にする「子ども基本法」の制定

②「普遍主義」を基盤とした「子ども給付の総合パッケージ化」

③「広い財源」についての合意形成

①すべての子どもを大切にする「子ども基本法」の制定

第１章で述べたように、日本ではどの所得層に対しても、冷たく厳しい「子育て罰」が加速しています。２０２２年10月から高所得世帯の子どもたちの児童手当が廃止されます。低所得世帯に対する現金給付は以前から不足しており、衣食住やライフラインにすら事欠く子育て世帯が２割程度存在しています。中所得層も、児童手当の特例給付廃止や教育の無償化の所得制限がいつまた変更になるのか、戦々恐々としながら子育てしている状況です。

子どもに対する支援に親の属性（所得や、ひとり親・２人親など）で差をつける考え方は「選別主義」と言われます。この根底には、子どもを親の従属物とみなす考え方があります。

これに対し、子どもは親とは異なる存在であり、子ども自身が権利と尊厳を保障されるべき主体であるからこそ、すべての子どもが支援の対象となるという発想が「普遍主義」です。日本では、この「普遍主義」への理解が非常に薄いのです。その原因は、子どもを権利と尊厳を保障されるべき大切な存在であると明記した国内法の欠如にあります。

日本は１９９４年に子どもの権利条約（児童の権利条約）を批准しましたが、それを実現するための国内法は不在のまま25年が経過しています。障害者権利条約に基づき障害者基本法が、女子差別撤廃条約にもとづき男女共同参画基本法が作られ、障害者や女性が権利や尊厳を保障されるべき対象として国内法に位置づけられているのに対し、子どもの権利と尊厳の保障と実現については法制上は放置されたままです[16]。

「子育て罰」を日本からなくすためには、まず子ども自身が尊厳と権利の主体であると位置づけるための国内法である子ども基本法を制定し、それを基盤とした子ども・家族対策が進められるべきです。

２０１６年に改正された児童福祉法、２０１９年に改正された子どもの貧困対策の推進に関する法律等の個別法規には、子どもの権利が位置づけられています。当事者の若者たちが、政府の会議で意見表明をすることも珍しくなくなってきました。厳しい状態の子どもたちにこそ、子どもの権利の実現は重要だからです。

しかし、貧困の当事者の子どもや若者たちの思いは「自分たちだけがよければいい」というものではありません。低所得や困窮世帯でなくとも、悩み事や家族・友人の問題を抱える子ども・若者は多くいます。「すべての子ども・若者が課題に直面したときに、親の数や所得にかかわりなく支援を受けられる社会であってほしい」ということが、困難な状況にある子ども・若者の願いなのです。

子どもの権利条約では、子どもの意見表明権も尊重します。困難な状態にある子ども・若者自身がこのように考えてくれていることを、無視してよいのでしょうか。親の所得やひとり親・ふたり親にかかわらず、すべての子どもが「最善の利益」の実現の対象であることを法制化する子ども基本法が必要だという私の考えは、こうした子ども・若者の願いを受けたものです。子ども基本法を制定すれば、親の所得で排除されゼロ支援になる子どもはいなくなるでしょう。

子どもひとりひとりが、大人と同じように幸せになるべき権利を持った主体であり、自分自身の人生を大切にし、暴力や虐待から守られ、意見を表明し、愛される権利をもった存在であることを日本に位置づける。これが「子育て罰」をなくすための前提条件です。

②「普遍主義」を基盤とした「子ども給付の総合パッケージ化」

日本人のリスク回避志向の強さが、非婚化無子化の要因になっていることは、第3章で取り上げたとおりです。

子どもを持ちたい人々が、安心して子どもを産むためには、すべての子どもに対し「普遍主義」を前提としつつ、低所得層に特に手厚い児童手当・児童手当と教育の無償化の「子ども給付の総合パッケージ化」が必要です。

具体的には、高所得層への児童手当の特例給付廃止を撤回し、児童手当・児童扶養手当、教育の無償化を普遍主義的に給付することです。また、所得スライドをきめ細かくし、高所得層・中所得層を含め子育てする親の就労・納税意欲を低下させないことも重要です。「子ども給付の総合パッケージ化」により、日本の若い世代が、リスク回避志向が強くても、低所得でも、衣食住に不自由せず子どもを専門学校や大学まで行かせられる見通しを持つことができます。また高所得層になっても子どもがゼロ支援にならない社会を実現することにもなります。子どもを持ちたい気持ちを持つ人々が、心ならずも非婚化無子化を選択しなくて済み、子どもを産み育てやすい親も子も幸せな社会を実現することで、結婚したり、子どもを持つ選択が増える可能性は高いのです。

第１章で示した通り、児童手当は親の片方が目安年収１２００万円以上、高校無償化は夫婦合算で目安年収９１０万円以上、私立無償化は目安年収５９０万円以上、大学無償化は目安年収３８０万円以上になると、急にゼロ支援となります。これを教育費問題の専門家は**「所得制限の崖」**と呼んでいます。

「所得制限の崖」は親、特に母親の働き控えを引き起こし、わが国の経済成長や消費活動の阻害要因となります。だからこそ低所得層から高所得層へと、きめ細かく支援額をスライドさせ、親の就労意欲、および子どもの教育費と親子の生活をきめ細かく支える「支援の階段」を整備していく必要があります。

２０２１年5月31日、立憲民主党が「子ども総合基本法案」を国会に提出し、①児童手当の拡充（高校生までの支給、特例給付の一部廃止分の復活ですべての子どもを対象に支給）、②児童扶養手当の拡充（ふたり親を含む低所得子育て世帯への支給）、③子どもの貧困への対応：子どもの貧困率を10年で半減することを目標に取り組むという、重要な方針を打ち出しました[17]。また、公明党も「中間層や多子世帯を対象とする高等教育への助成拡充を要請する」方向を示しています[18]。

各党の子ども・家族対策に関する政策コンテストが起きている現状は、「子育て罰」をなくしていくためには喜ばしいことでしょう。しかし、与野党のバラバラの政策が政治による「子育て罰」を悪化させたことを考えると、「子ども給付の総合パッケージ化」について、与野党が政治的合意に達しておく必要があります。

そんなことは不可能だと思われる読者もいらっしゃるでしょうが、２０１９年子どもの貧困対策推進法改正の際に、すでに実現しています。子どもの権利の明記、子ども・親の意見表明、生活保護世帯からの大学進学率等の指標化を盛り込むため、子どもの貧困対策推進議員連盟の議員が所属政党を超えて法改正を実現させました。本書で提言した子ども・家族対策についても、与野党の合意形成と各党の持ち味を生かした政策の推進は可能だと私は考えるのはこうした前例があるからです。

③「広い財源」についての合意形成

日本から「子育て罰」をなくすためにもっとも重要なのは、子ども・家族対策への財源の確保です。

参議院内閣委員会や複数の与野党勉強会での質疑での中心となったのも、やはり財源論でした。子ども・家族対策のための財源確保プランの策定については、教育の無償化につながった消費増税の時と同様に、与野党合意が必要です。

では何を財源とすべきなのでしょうか。所得逆進性が高く、低所得世帯が多い子育て世代を直撃する消費税増税は、相当に思いきった児童手当・児童手当の拡充ができない限り、のぞましくない選択肢です。

社会保障論が専門の柴田《しばた》悠《はるか》京都大学准教授は、資産課税を提言しておられます。理由は、増税（税収中立）による国内経済（一人当たりＧＤＰ）へのダメージは、「法人税＞個人所得税・社会保険料＞消費税＞資産税」であることがＯＥＣＤ諸国の時系列分析から明らかになっているからです[19]。私自身は、企業負担・所得課税・資産課税・子ども保険等の所得累進型の複数財源を模索すべきであると提言しています[20]。

「普遍主義」を基盤とした「子ども給付の総合パッケージ化」にかかる予算を概算すると次のようになります。待機児童対策分約３０００億円と高所得世帯の児童手当の特例給付廃止撤回分の約３７０億円。児童手当・教育の無償化の低所得世帯への拡充を合わせると、単年度で約５０００億〜６０００億円。児童手当の高校生延長、高校無償化の所得制限の撤廃に約４０００億〜５０００億円。これに大学の無償化の所得制限緩和次第で、さらに数千億の予算がかかるでしょう。

以上をまとめると、**緊急に必要な予算は最低で年間約５０００億〜６０００億円、児童手当・教育の無償化について普遍主義を基盤とした「子ども給付の総合パッケージ化」を合わせると約１兆円、さらに大学の無償化の所得制限緩和を含むと約１・５兆円の単年度予算の積み増しが必要となる計算**です。

これらの負担を納税者に求めるためには、繰り返しになりますが、与野党の合意、そして政治家、とくに総理大臣からの政策目的に関する十分な説明が必要になります。この時に、子どもと親の幸せを大切にする「親子にやさしくあたたかい日本」になっていこうというメッセージを国民が受け入れ財源確保ができれば、日本から「子育て罰」が消えていく基盤となります。

５・３　こども庁は「子育て罰」をなくせるか？

最終節では、２０２１年秋に予定される衆議院議員選挙の目玉公約として自民党が２０２１年４月に検討開始した「こども庁」の動向について、「子育て罰」をなくせるかという視点から検討をしておきましょう。

菅総理大臣は、高所得世帯の児童手当削減、出産無償化の見送りなど、子どもと親に厳しい姿勢をとってきた政治家であり、いわば「子育て罰」を課している張本人です。

子ども・家族対策のために５０００億〜約１・５兆円の財政支出を決定できるほどの強いリーダーシップにも、正直、あまり期待は持てません。また、予想通りではありましたが、幼保一元化をめぐって官邸や自民党の族議員が省庁を巻き込み、こども庁について内閣府案や文科省案などの組織論を先行させ、子どもと親を置き去りにしたことも忘れるべきではありません[21]。

そもそも、公務員数を削減しすぎたことで、日本は人口あたり公務員数（国・地方ともに、自衛隊・警察・消防も含む）が主要国最少となっている国です[22]。先進国最弱の政府といってもいい日本にあって、新型コロナ禍という非常事態の中でこども庁再編を強行してしまえば、官僚をさらに疲弊させ、それぞれの省で蓄積されてきた専門行政の崩壊につながりかねません。政策の劣化を招き、運用に支障をきたすという意味で、むしろ親子にとって有害です。

実際に、こども庁の検討のために、加藤勝信《かとうかつのぶ》官房長官は、厚生労働官僚を中心とした特命チームを内閣官房に設置しましたが、ただでさえ人員不足に悩む厚生労働省の業務に支障をきたしていないか、子どもの貧困対策を通じて厚生労働省のみなさんの日々の激務を知る私は、とても心配しています。

また、内閣府にこども庁を設置する場合には、人事システムや官僚の専門性を考慮しない異動が行われる場合もあります。こども庁のために厚労省や文科省からかき集められた官僚が、叙勲やＰＫＯ、宇宙開発戦略などのまったく異なる専門性の政策領域に散逸《さんいつ》してしまうことが、主要国でもっとも少ない官僚を有効に活用することになるのかは大いに疑問です。

縦割り打破の美名のもとで、財源も人員も増やさず、無理やりこども庁を設置したとしても、親子にとっては何のメリットもなく、むしろ害しかない、という状況になるでしょう。

財源論と人員増、また子どもの権利・子ども基本法とのセットの議論でなければ、「こども庁」の創設は、「子どもに厳しい菅総理」のイメージをごまかそうとする、ただの選挙戦略にすぎません。

これに対し、連立与党である公明党、自民党内若手・中堅議員有志勉強会、立憲民主党は、「子育て罰」をなくすことができる財源、人員増や子どもの権利の保障等にも踏み込んだ内容の提言をしています。

◆公明党：子ども基本法を基盤に子どもを守る「子ども家庭庁」

公明党は組織論先行のこども庁設置について当初から懐疑的姿勢であり、政策ゴールとしての子どもの幸せを重視しています。また、もともとの党政策として、所得制限をなるべくなくし、かつ中低所得層に手厚い支援を重視していたこともあって、教育の無償化を中心に、子どもと親、若い世代への支援を大きく打ち出しています。

5月31日に公明党が首相に提言した「子ども家庭庁」案では、子どもの年齢制限を設けず、「子ども政策の総合的な推進を図るため、予算・人員を大幅に拡充する」と明記しています。より重要なのは、妊娠期から一貫して親子を支援の対象にしていること、「子ども基本法」

の制定、政府から独立して子ども政策を調査、勧告し子どもの声を代弁する機関「子どもコミッショナー」の新設を掲げるなど、子どもの権利を重視した提言です[23]。関係府省の再編は想定せず、首相直属の機関で省庁間にまたがる課題の総合調整を担う、コンパクトなこども庁組織を提言した点が特徴的といえるでしょう[24]。

「子育て罰」をなくす政策として注目できるのは、出産費用の負担軽減や教育の無償化の所得制限緩和と充実、企業が若い雇用者の奨学金返還を支援する制度の創設など、若い世代や子育てする親の経済的負担軽減の姿勢を明確にしていることです。教育の無償化については次のように記載されています。

幼児教育・保育の無償化、私立高校授業料の実質無償化を拡充するとともに、国公私立を通じた義務教育段階の修学支援や高校生等奨学給付金等の充実を図ること。高等教育段階については、修学支援新制度の初年度の成果も踏まえつつ、中間所得層や多子世帯等への支援の充実に向けた検討を進めること。

（公明党「経済財政運営と改革の基本方針２０２１等に向けた提言」２０２１年5月31日 P43）

公明党のこれまでの政策実績からは、教育の無償化を中心として予算増には期待が持て、子どもの権利の擁護と推進のための子どもコミッショナー等の専門職・支援職増員もある程度期待できます。竹内譲政調会長はこれまでも、ひとり親だけでなく2人親困窮世帯への給付金を菅総理に申し入れるなど、子どもにやさしい政策の実現に力を尽くしてこられました。中野洋昌事務局長が今回の提言を快く共有してくださったことからも、子どもと親にあたたかい日本を目指す公明党の誠実な姿勢をあらためて感じました。今回の提言は、子ども基本法を基盤に子どもを守る「子ども家庭庁」の政策アイディアを示した点も評価できます。

また、勉強会では、真剣に子ども基本法を実現しようとする連立与党としての意思と、子どもたちへの思いを感じました。子どもの貧困対策に長らく献身的にご尽力されてきた古屋《ふるや》範子《のりこ》衆議院議員の「子ども基本法を成立させていくことこそ子どもたちの権利と命を守る基盤になる」という心強いご発言、また平木大作《ひらきだいさく》参議院議員からの「子どもの権利を守る子どもコミッショナーを国の組織としてどのように実現すべきか」という論点、高木美智代《たかぎみちよ》参議院議員の「障害を持った子どもたちを含めた子どもの権利を実現していくことの重要性」のご指摘などがありました。

障害を持つ子どもたちとのかかわりが研究者の原点の１つである私自身も、この勉強会を通じて「すべての子ども」を大切にする理念を実現するための政策・制度について、考えを深めるきっかけを与えていただきました。

◆自民党有志議員：「Children First」のこども庁構想

菅総理がこども庁を衆議院議員選挙の目玉公約にするきっかけを作ったのは、自民党の若手・中堅有志議員「Children First の子ども行政のあり方勉強会」（以下、Children First 勉強会）です。山田太郎参議院議員と自見英子参議院議員を共同代表とするこの勉強会は、自民党本部で進められる「こども・若者」輝く未来創造本部（本部長・二階《にかい》俊博《としひろ》幹事長）とは異なる組織で、２０２１年2月から継続的な検討を重ねてきました。

子どもの貧困対策推進議員連盟の会長代行である牧原秀樹《まきはらひでき》衆議院議員、同議連事務局長をおつとめいただいたことのある鈴木貴子《すずきたかこ》衆議院議員、シングルマザー支援や子どもを性犯罪者から守る日本版ＤＢＳという仕組みの構築に精力的に取り組んでおられる木村弥生《きむらやよい》衆議院議員、新型コロナ禍の中でも子ども食堂への支援を手厚くするために取り組んでおられる国《くに》光《みつ》あやの衆議院議員など、私が直接対話しており、子どもたちのための政策に本気で取り組んでおられる50代以下の国会議員が呼びかけ人となっている勉強会です。自民党については批判を加えることの多い私ですが、議員個々人の「子どもたちを大切にしたい」という信念と行動は、公明党や野党議員に匹敵する方も少なからずおられます。

私自身も山田太郎参議院議員にインタビューをさせていただき、参議院内閣委員会や勉強会の場でもお話をさせていただきました。メディアでのにこやかな印象に加え、真剣に子どもの命や権利・尊厳を大切にしておられる議員であることに感銘を受けました[25]。Children First勉強会の共同代表である自見英子参議院議員は小児科医でもあり、やはり子どもたちの生命と尊厳を守るという強い思いを持って、多くの自民党議員に子ども政策への関心を高めようとご尽力くださっています。

5月24日の第16回Children First勉強会では、私も子どもの貧困対策とこども庁の在り方について意見を述べる機会がありましたが[26]、高齢男性議員が多い自民党にあって、世代を超えた参加者がおられたのが特徴的でした。柴山昌彦《しばやままさひこ》前文部科学大臣や小倉将信《おぐらまさのぶ》衆議院議員からも鋭いご質問をいただき、自民党も少子化対策の限界を把握し、子ども・家族対策に本腰を入れてくださる議員が増えているのを実感しました。

5月28日のChildren Firstで公表した第2次提言では、「永田町や霞が関目線の府省庁間の組織論に固執せず、子どもの立場に立ち、子どもの困難の解決と育成の支援を中心とする」（P3）とし、組織論ではなく、目指すべき社会像を明確にしています。それは、すべての子どもたちが「愛されてすくすく健やかに育ち」「のびのび活動し」「自己表現し、周囲と連携しながらたくましく生きていく」（P2）、愛育・育成・成育の視点を基盤とした社会です。

さらに、命に関わる「子どもの緊急事態」（自殺、虐待、いじめ、不登校、子どもの貧困は過去最悪）への対応が急がれることを強調し、子ども自身の生命・権利や問題解決が重視されているという基本姿勢があります。**図5-2**は、Children First 勉強会第2次提言に示されたこども庁案です。

こども庁について、主務大臣を設置し強い調整権限と予算を確保すること、また子ども基本法に踏み込んではいないものの、子どもの権利条約を包括的に取り扱うこと、という機能が示されています。あわせて国の縦割り打破だけでなく、地方自治体との連携をこども庁が担当することも、重要なアイディアということができるでしょう。

さらに、子どもの権利の重視とともに「子どもを産み育てることで社会的・経済的に不利にならないチャイルドペナルティを起こさないことが必要である」（P2）と、「子育て罰」をなくしていく方向性が明記されています。自民党有志の勉強会から明確に「子育て罰」を

図5-2　Children Firstの「こども庁」にするために

「こども庁」が対象とすべき緊急課題
〜「命」「環境改善」「制度・仕組み」の3つの課題を明確にして取り組む〜

1. 命を守るための問題
〜子どもの"命"を守る体制の課題〜
児童虐待、自殺、死因究明、教育現場の性犯罪者、いじめ、体罰指導死、産後うつ、孤独な育児、養子縁組海外あっせん

2. 子どもの環境改善にかかわる問題
〜妊娠前からの切れ目のない支援の課題〜
子どもの貧困、ひとり親家庭、待機児童、不妊治療、家庭・養育者支援、子育てと仕事の両立、乳幼児健診、食育、体験・外あそびの不足、生活リズムの乱れ、ヤングケアラー、困難と孤独孤立、不登校ひきこもり、保育の質、教育の質

3. 制度・仕組みの問題
〜子ども目線での切れ目のない健康と教育の実現の課題〜
デジタル化、窓口一元化、難病、ホスピス、医療的ケア児、発達障害児、事故、小一の壁、教育費負担、医療・教育情報連携

〈地方自治体おける現場の課題
〜地方議員への緊急調査で浮き彫りになった4つの共通課題〜〉
①人員予算不足②学校現場の課題が表面化されない③都道府県と市区町村関係④国保減額調整措置

「こども庁」に必要な機能
〜課題解決の実効性を担保〜
子ども課題解決のプラットフォーム

1. 基本的考え方
①専任大臣設置
②強い調整機能権限（調査、課題設定、施策立案、解決実施）
③子ども関連予算の一元的策定と確保
④子どもの権利条約を包括的に取り扱う
⑤EIPP（Evidence Informed Policy and Practice:エビデンスに基づく政策立案と実践の展開）

2. 必要な機能　〜こども庁は「子ども課題解決のプラットフォーム」〜
バラバラな縦割り府省庁×子どもが居る現場である横割り市区町村と都道府県×年代割りを繋ぐPDCA（Plan・Do・Check・Action）サイクルを機能させ確実に課題を解決し検証する。
①『Plan』:「情報収集・調査機能」「こども情報部局」「予算と政策の策定と検証」
②『Do』:「愛育機能（すくすく）」「育成機能（のびのび）」「成育機能（たくましく）」
③『Check』:「日本版Ofsted」「子どもコミッショナー」「周産期医療・ケアの評価機能」
④『Action』:「改善レポート」「EIPP」

「こども庁」で検討すべき仕組み〜欧米での先進的な事例等を調査導入の検討〜

CDR（子どもの死因究明）　DBS（性無犯罪証明）　LMC（産前出産産後の継続ケア）
ネウボラ（周産期〜就学迄ワンストップ相談）　Ofsted（教育水準監督局）
子どもコミッショナー（人権機関）　アドボカシー（子どもの立場代弁・擁護・権利実現機能）

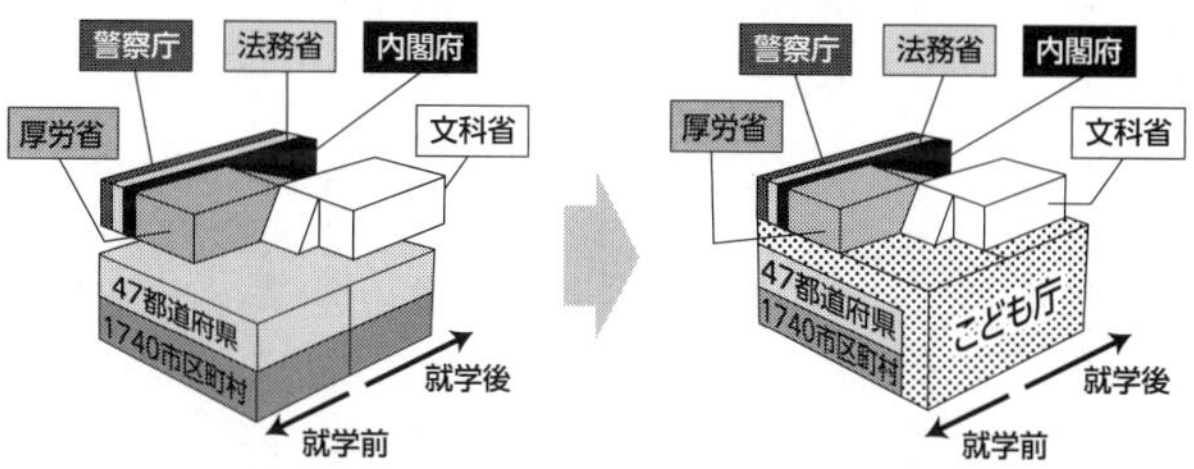

縦割り×横割り×年代割り
バラバラな行政組織

こども庁がプラットフォーム
となった組織

出典：自由民主党Children First の子ども行政のあり方勉強会「【第二次提言の説明図】Children Firstの社会の実現に向けた『子ども政策のグランドデザイン〜こども庁創設に向けて〜』」p.2（2021）

なくしていく方向性が示されたことは、注目に値します。

「子育て罰」をなくすために私が提言した内容（本章5・2）のうち「子ども給付の総合パッケージ化」にもっとも近い具体案を提示しているのが立憲民主党です。

◆立憲民主党：児童手当の復活・拡充を目指す「子ども省」

立憲民主党「子ども・子育てプロジェクトチーム」座長・大西健介衆議院議員）は法案の意義について「子ども省をつくるだけでなく、子ども・子育てに係る予算をしっかり増やして、何をするか、どういう理念に依って立つかということを総合パッケージとして示した。われわれが政策、法案を選挙に向けて出すことによって、議論をリードし、各党が競い合うことによってわが国の子ども・子育て政策が前進させられる意義がある」と述べておられます[27]。

5月31日に衆議院に提出された「子どもの最善の利益が図られるための子ども施策の総合的な推進に関する法律案（子ども総合基本法案）」には以下のようなポイントがあります。

①ハコ（省庁の設置）より中身を重視し、子ども子育て予算を大幅に増やす

②チルドレン・ファースト：「児童の権利に関する条約」の理念にのっとり、すべての子

どもの最善の利益が図られ、その人権が保障され、社会全体で子どもの育ちを支援する社会を実現することを法の目的や基本理念に明記
③子どもから若者までの切れ目のない支援：未就学児から初等・中学教育を対象とし、子どもが成人した後の関連施策を含む
④児童手当の拡充（高校生までの支給、特例給付の一部廃止分の復活ですべての児童を対象に支給）、児童扶養手当の拡充（ふたり親を含む低所得子育て世帯への支給）
⑤子どもの貧困への対応：子どもの貧困率を10年で半減することを目標に取り組む
⑥上記施策を総合的に推進するために子ども省を設置

（立憲民主党ホームページ「『子ども総合基本法案』を衆院に提出」２０２１年5月31日）

組織論優先ではなく、子どもの権利を重視する基本姿勢、貧困・虐待問題、乳幼児期から若者期に至る切れ目のない支援などは、公明党と自民党 Children First 勉強会と立憲民主党には共通のものです。

つまり、これらの与野党共通の論点こそ、財源の具体案を含め、衆議院議員選挙での各政党公約として政策コンテストとされるべきものなのです。立憲民主党提案は、大西健介衆議

院議員がおっしゃるように「各党が競い合うことによってわが国の子ども・子育て政策が前進させられる意義」があります。[28]

立憲民主党の「子ども省」議論の意義は、児童手当・児童扶養手当の拡充という具体的な現金給付政策を提示した点にあります。国・地方あわせて約７０００億円の予算を必要とすることを明示した点も評価できます。児童手当・児童扶養手当の拡充は「子育て罰」をなくす子ども・家族対策としてはもっとも重要な政策だからです。

立憲民主党は旧民主党の後継とみなされ、〝批判ばかりの野党〟というバッシングを受けることも多い政党です。しかし、実際には国会提出法案、野党連携、与党との粘り強い交渉など、政策立案や政策的な対話を通じて、子どもと親にやさしくあたたかい日本にするための政策を実現させてきた政党でもあります。

ひとり親困窮世帯給付金、２人親困窮世帯を含めた子育て世帯特別給付金（低所得の子育て世帯に対する子育て世帯生活支援特別給付金）の法案提出にも代表されるように、衣食住にすら事欠く子どもたちのために法や政策を提案してこられました。「与党の手柄にしていいから子どものための政策を進める」とおっしゃった議員もおられるほど、立憲民主党は親子のための政策実現にこだわっています。

勉強会でも、政策、財源についての鋭い質疑が行われました。大西座長からは、教育国債、子ども保険、所得課税、資産課税など、細かく具体的なご質問をいただき、財源論に踏み込んで政策を具体的に検討している状況を共有していただくことができました。

私を参議院内閣委員会内閣委員会にご推薦いただいた塩村《しおむら》あやか議員は、子どもを親の所得で排除することへの明確な批判だけでなく、子どもひとりひとりの権利を保障する「普遍給付」の重要性を、国会の場でも勉強会の場でも明確に主張されました。「すべての子どもを大切」にする姿勢を心強く感じました。

弁護士出身で、教育学分野の専門性もお持ちの打越《うちこし》さく良《ら》議員は、子どもの権利を守る子どもコミッショナーについて、どのように行政からの独立性を持たせ、子どもたちの命や権利を守る仕組みとして機能するか、具体的な制度設計にこだわったご質問を頂戴しました。

また児童手当・児童扶養手当の拡充については、子どもの貧困対策の支援団体や、当事者の親子、若者のニーズや専門家の意見をつねに尊重し、必要予算の概算や政策対象となる親子の数を迅速に算出してくださる山井和則《やまのいかずのり》衆議院議員のご貢献が大きいことを指摘しておきます。

困窮子育て世帯がもっとも生活が苦しくなる夏休みを乗り切るための給付金支給（ひとり

親・ふたり親困窮世帯の子ども1人5万円）を求める法案も、山井議員、岡本《おかもと》あき子《こ》衆議院議員が提出者となって、2021年6月3日に国会に提出いただきました[29]

これらの立憲民主党の提案は、必要な財源を確保し、子どもや親にやさしくあたたかい日本社会に本気で進化しようとしているかどうか、各政党につきつけるものになっています。

◆主要野党はすべて「子育て罰」の厳罰化に反対

日本共産党、国民民主党、日本維新の会の動向についても述べておく必要があります。この3つの主要野党に共通するのは、高所得層の児童手当廃止という「子育て罰」の厳罰化に反対する姿勢です。また、こども庁よりも政策の充実が優先するという立場でも共通しています。

まず日本共産党は、高所得世帯の児童手当の廃止とともに、「組織いじりは問題のすりかえ」であり「安心して子育てできる雇用のルールづくりが急がれるのに、政府がやってきたのは、長時間労働や非正規雇用を拡大させる労働法制の改悪です。児童虐待についても児童相談所の抜本的な体制強化を図ってこなかったことが問題になっています。子どもの貧困でも、子どもの多い世帯ほど打撃が大きい生活保護改悪を強行するなど、逆行した政策を進めて」きたことを批判しています[30]。2021年5月13日の参議院内閣委員会で質疑に立たれた田《た》村《むら》智《とも》子《こ》議員は、子ども少子化で減った「自然減分を少子化対策にあてれば、（高所得層への児童手当の）特例給付の一部廃止は必要ない」と明快に指摘されました[31]。

また国民民主党の矢田わか子副代表は、第1章に掲載させていただいた資料（図1−1、1−2）でも明らかなように、児童手当や子育て世帯の負担問題を緻密に整理され、児童手当や教育の無償化の所得制限について鋭く追及を続けてこられました[32]。SNSでも「子育て罰」の言葉を使って、親の所得で子どもを差別することについて批判的な姿勢を明確にされています。

田村議員、矢田議員そして前出の立憲民主党・塩村議員との質疑の中で、親の納税・就労意欲、時には子どもを持つ意欲すら奪う「支援の崖」をなくし、すべての子どもが支援を受けられる「子ども給付の総合パッケージ化」について、より具体的なビジョンを持つことができました。

日本維新の会は、教育の無償化を子ども政策・教育政策の中心に据え、過去には児童手当の特例給付廃止への反対を訴えています。こども庁については、参議院内閣委員会で質問に立たれた高《たか》木《ぎ》かおり議員も、「子育て予算を増やさずに、児童手当をカットして待機児童の受け皿を作るという付け替え」を批判し、教材費や塾代を含めた「教育の無償化」について言及くださっています[33]。また子どもの貧困対策だけでなく、子ども支援を担うスクールソーシャルワーカーの常勤化が必要ではないかとの見解を、参議院内閣委員会で表明してくださいました[34]。これは私自身も、内閣府・子供の貧困対策に関する有識者会議委員として長年、主張してきたことです。

◆官邸の「骨太方針」におけるこども庁のゆくえ――「子育て罰」は止まらない？

２０２１年6月18日に閣議決定された「経済財政運営と改革の基本方針２０２１」（いわゆる骨太方針）では、こども庁について「早急に検討に着手する」と明記されました。

子どものための財源確保の方針が明記されたいっぽう、子どもの権利を重視する子ども基本法の明記はなく、児童手当の所得制限が拡大されると解釈できる記述もあり、２０２１年秋に予定されている衆議院選挙後に政治による「子育て罰」が拡大しないか、引き続き注視する必要のある内容です。子どものための財源については、次のように明記されています。

将来の子供たちに負担を先送りすることのないよう、応能負担や歳入改革を通じて十分

に安定的な財源を確保しつつ、有効性や優先順位を踏まえ、速やかに必要な支援策を講じていく。安定的な財源の確保にあたっては、企業を含め社会・経済の参加者全員が連帯し、公平な立場で、広く負担していく新たな枠組みについても検討する。

（「経済財政運営と改革の基本方針２０２１」P17）

児童手当については、夫婦合算ルールへの移行と中所得層までの児童手当廃止拡大が懸念される表現となっています。「児童手当法等改正法附則に基づく児童手当の在り方の検討などに取り組む」（P17）、「グリーン、デジタル、地方活性化、子供・子育てへの重点的な資源配分（メリハリ付け）を行う」（P36）などの方針が明記されています。

高所得層の子どもたちから児童手当を奪った行為を「メリハリ」と表現しつつ、政令、すなわち官邸判断で「児童手当ゼロ」の層を中所得層まで拡大できる児童手当法等改正法附則を、わざわざ骨太方針に明記しているのです。

貧困層の子どもたちへの現金給付拡大も明記されておらず、子ども宅食・子ども食堂などの民間支援に依存する方向性しか書かれていません。貧困層の子どもたちの状況を改善する方向性すら示されていないのです。政治による「子育て罰」が、むしろ加速する可能性すら感じる記述です。

もちろん「教育・保育施設等や子供が活動する場で、有償、無償を問わず職に就こうとする者から子供を守ることができる仕組みの構築等について検討し、子供をわいせつ行為から守る環境整備を進める」（性犯罪者から子どもを守る日本版ＤＢＳ）仕組みや、子どもを守るためのデータベース運用やデータサイエンティストの育成と増員、児童虐待への対応を拡充しようとする方針等は、大いに評価できます。しかし、自民党「こども・若者」輝く未来創造本部の決議と比較しても、官邸の骨太方針は、見劣りがしてしまうものです。

残念ながら、現時点での菅政権は、子どもにやさしくあたたかいとまで言えるような政策スキームの変更ができる政権とは言えないようです。

◆自民党高齢男性幹部は「拒否権プレイヤー」になるか

さて、こども庁の動向を整理するうえで、やはり重要なのは自民党本部です。とくに、自民党「こども・若者」輝く未来創造本部の本部長である二階俊博幹事長や、教育費の無償化に所得制限を導入した実績のある下村博文政調会長などの自民党高齢男性幹部が、「子育て罰」をなくすための財源や人員増、政策に対し「拒否権プレイヤー」[35]として立ちはだかるかどうかが、子どもと親にやさしくあたたかい日本に進化できるかどうかの分岐点になります。

「拒否権プレイヤー」とは、政策変更をするために同意が必要な政治的アクターのことです。「拒否権プレイヤー」は個人である場合もあれば、政党などの集団、さらに政党内のグループの場合もあり得ます。児童手当などの現金給付を政策として好まないのはこれまでの自民党政治の特徴です。また児童手当にも教育の無償化にも所得制限を導入してきたのは、菅総理大臣や文部科学大臣時代の下村衆議院議員でした。

児童手当や教育の無償化への財源や、子ども・家族支援のための人員拡充という政策提案に対し、これらの自民党高齢男性幹部が「拒否権プレイヤー」として個人的、もしくは集合的にふるまえば、子どもと親に冷たく厳しい「子育て罰」国家のままになるでしょう。

２０２１年6月3日に自由民主党「こども・若者」輝く未来創造本部で決議された『こどもまんなか』改革の実現に向けた緊急決議」では、前出のChildren First 勉強会の提言がかなり反映され、具体的な政策との関連付けはないものの「こども政策を実現するために十分な予算を確保すること」（P４）という方針が明記されました。また「政府は様々な少子化対策等を講じているが、残念ながらその成果が表れているとは言い難い」（P１）と少子化対策の失敗を認め、「こどもをまんなかにおき、こどもの権利を尊重し、こどもの命や安全を守る政策を強化する」「温かい家庭を築きたいと願う人々の想いに寄り添い」「こどもの貧困や、その他こどもが直面するさまざまな課題も解決し、我が国に生まれてくる全てのこどもたちの幸福につなげる」（Ｐ２）と、子どもと親の幸せを意識した方針が示されています。

そして、以下４つの項目に沿って主要な提言が示されています。

① こども政策に関するデータ収集分析能力を向上させ、EIPP（Evidence Informed Policy and Practice）を確立すること[36]

② こどもや子育て世代が抱える様々な課題に早急に対応すること

③. こども政策を実現するために十分な予算を確保すること

④.「こどもまんなか」の実現に向けた強力な総合調整機能を有する行政組織として、こども庁（仮称）を創設すること

事前の報道では「国内総生産（ＧＤＰ）比１％ほどの子育て関係予算について、先進諸国並みの３％台を念頭に『大幅な拡充』」を提唱されていましたが、実際には具体的な数値が盛り込まれなかったことは残念です。自民党本部での緊急決議を見る限り、現時点では自民党高齢男性幹部が「拒否権プレイヤー」としてふるまう可能性はあまり高くないようですが、財源について具体的な数値や改善すべき政策案がないなど、公明党や立憲民主党と比較して、あいまいで本気度の低い方針だと評価せざるを得ないでしょう。

　こども庁については、子ども置き去りの幼保一元化ではなく、「こどもや子育て世代が抱える様々な課題に早急に対応すること」（Ｐ３）や、「医療・保健・療育・福祉・教育・警察・司法等の各分野における子ども政策について、タテ割りを打破し、省庁横断で推進すべきであり、妊娠前から、妊娠・出産・新生児期・乳幼児期・学童期および思春期の各段階を経て、おとなになるまでの一連の成長過程を通じ、こどもの視点に立って、困難を抱えるこどもや、家庭をはじめとするその環境への支援が抜け落ちることなく実施され、子どもの権利条約を基盤とし、かつ責任の所在が明らかにされる体制を構築すべきである」（Ｐ５）とその機能が明示されています。

　子どもと親の幸せの実現を念頭に置いた提言がされている点には、自民党が失敗しつづけてきた少子化対策スキームを転換しようとする姿勢を確認することができます。とはいえ、美辞麗句を並べただけではないかと懸念される読者も多いでしょう。だからこそ、みなさんには「声」と「投票」を大切にしていただきたいのです。

◆「子育て罰」をなくすためのカギは「声」と「投票」

政治や社会による「子育て罰」をなくしたい。そう思う読者のみなさんが、できることは2つあります。「声」をあげること、そして「投票」です。

まず、選挙区の議員が子ども・家族を大切にする政策をどのように打ち出しているか、ホームページで確認してみてください。具体的なチェックポイントは以下の2点です。

①児童手当・教育の無償化の拡充や所得制限撤廃を具体的に提言しているか。

②子どもの権利擁護や、子どもの虐待、子どもの貧困対策について予算や人員増を打ち出しているか。

とくに自民党議員は、子どもや親に関する政策の主張が人によってかなり違います。公約では「子どもは国の宝」といいつつ、本音では、いまだに子どもも女性も軽んじ、「子育て罰」の政治を変えようとしない政治家もいるでしょう。

自民党Children First勉強会の参加議員は、「子育て罰」をなんとかしたいと考え行動する政治家であり、今後のご活躍には大いに期待しています。いっぽうで、自民党の有力な高齢男性幹部たちは、子ども・家族対策の充実に無理解な「拒否権プレイヤー」としてふるまう可能性があります。

もう一歩、対話に踏み込む気持ちがあれば、ホームページやメール、ＳＮＳ等で、右記の２点を中心に、議員の考えをきいてみてください。政治家のホームページにはたいていメールアドレスとＳＮＳのアカウントが載っているので、自分の思いを送ることはそんなに大変な作業ではありません。きちんと、しかも早く返事がくることに驚く人も多いでしょう。

もちろん、政治家も尊厳と権利を持つ人間ですから、敬意を持って問い合わせをされることが大前提です。プライベートを犠牲にしながらも、国民のため、子どもや親のために活動している政治家が決して少なくないことは、改めて強調しておきたいところです。

さらに重要なのは、みなさんとの対話を通じて政治家の成長を促すこと、そして、子どもと親、大人の権利と尊厳を大切にする政治家、政党に投票をすることです。

「子育て罰」をなくせるか否か。それは、みなさんの「声」と「投票」にかかっていると言っても過言ではありません。子どもにも親にも、大人にも、やさしくあたたかい日本を、一緒に作っていきませんか？

1　畑村洋太郎,2005,『失敗学のすすめ』講談社文庫 pp.62–63
2　山田昌弘,2020,「日本で少子化対策はなぜ失敗したのか―コロナ後の家族は変わるのか?」,財務省・財務総合研究所・人口動態と経済・社会の変化に関する研究会報告資料 pp.18–20
https://www.mof.go.jp/pri/research/conference/fy2020/jinkou202010.pdf
3　畑村洋太郎,2005,『失敗学のすすめ』講談社文庫 pp.74–75
4　本田和子,2007,『それでも子どもは減っていく』ちくま新書 p.173
山田昌弘,2020,『日本の少子化対策はなぜ失敗したのか? 結婚・出産が回避される本当の原因』光文社新書
5　山田昌弘,2020,『日本の少子化対策はなぜ失敗したのか? 結婚・出産が回避される本当の原因』光文社新書 pp.48–49
6　山田昌弘,2020,『日本の少子化対策はなぜ失敗したのか? 結婚・出産が回避される本当の原因』光文社新書 p.48
7　畑村洋太郎,2005,『失敗学のすすめ』講談社文庫 p.18
8　畑村洋太郎,2005,『失敗学のすすめ』講談社文庫 p.135
9　泉房穂,2019,『子どものまちの作り方―明石市の挑戦―』p.48
10　湯浅誠・泉房穂・藻谷浩介・村木厚子・藤山浩・清原慶子・北川正恭・さかなクン,2019,『子どもが増えた!明石市人口増・税収増の自治体経営』光文社新書 pp.72,78,229–230
11　湯浅誠・泉房穂・藻谷浩介・村木厚子・藤山浩・清原慶子・北川正恭・さかなクン,2019,『子どもが増えた!明石市人口増・税収増の自治体経営』光文社新書 p.296

12　本田和子,2007,『それでも子どもは減っていく』ちくま新書 p.220
13　本田和子,2007,『それでも子どもは減っていく』ちくま新書 p.173
14　落合恵美子,2020,「１９７０年代以降の人口政策とその結果 アジアにおけるケアの脱家族化を中心に」財務省・財務総合政策研究所・人口動態と経済・社会の変化に関する研究会報告資料
https://www.mof.go.jp/pri/research/conference/fy2020/jinkou202012_01.pdf
秋田喜代美,2021,衆議院内閣委員会参考人発言,２０２１年４月８日
15　落合恵美子（2020）「１９７０年代以降の人口政策とその結果アジアにおけるケアの脱家族化を中心に」財務省・財務総合研究所・人口動態と経済・社会の変化に関する研究会報告資料 p.56
https://www.mof.go.jp/pri/research/conference/fy2020/jinkou202012_01.pdf
16　日本財団,2020,『子どもの権利を保障する法律（仮称：子ども基本法）および制度に関する研究会 提言書』p.5.
https://www.nippon-foundation.or.jp/app/uploads/2020/09/new_pr_20200925.pdf
17　立憲民主党,2021,「『子ども総合基本法案』を衆院に提出」２０２１年5月31日
https://cdp-japan.jp/news/20210531_1449
18　日経新聞「『子ども家庭庁』創設、公明提言　独立の勧告機関も設置」２０２１年5月30日記事
https://www.nikkei.com/article/DGXZQOUA283KT0Y1A520C2000000/?unlock=1
19　柴田悠,2021,「子ども支援の『予算』『人員』を増やしつつ『政策効果』の検証を」自由民主党・Children First の子ども行政のあり方勉強会,２０２１年5月17日資料
https://13c9eb87-5c30-462a-bf45-1415a998a4a9.filesusr.com/ugd/df1fed_c6be720ef0ec4e298ddcd223351c0b0.pdf
20　末冨芳,2021,「『すべての子ども』を大切にする子ども・家族対策・子どもの貧困対策―少子化対策の限界、

そして進化へ—」，参議院内閣委員会参考人意見陳述，２０２１年５月18日
https://drive.google.com/file/d/1eA47n-417-C5_s088QCS0zgfxmRdhM-B/view?usp=sharing
21 末冨芳,2021,「少子化対策?·菅総理『やった感』の#子ども庁ではなく子ども若者への投資が先です#子育て罰をなくそう」２０２１年４月13日記事
https://news.yahoo.co.jp/byline/suetomikaori/20210413-00232317/
22 総務省,2019,「人口千人当たりの公的部門における職員数の国際比較（未定稿）」
https://www.cas.go.jp/jp/gaiyou/jimu/jinjikyoku/files/2019_data.pdf
23 公明党,2021,「経済財政運営と改革の基本方針２０２１等に向けた提言」２０２１年５月31日 p.41
24 朝日新聞,2021,「『子ども家庭庁』創設を　公明が首相に提言へ」２０２１年５月28日記事
https://digital.asahi.com/articles/ASP5X65XMP5XUTFK02T.html
25 末冨芳,2021,「#こども庁「子どもの命を守る」「子どものための予算をとる」ために必要 #山田太郎　議員に聞きました」２０２１年４月20日記事
https://news.yahoo.co.jp/byline/suetomikaori/20210420-00233517/
26 山田太郎参議院議員ホームページ,2021,「政策にはエビデンスだけじゃ足りない?·こども達の『いま』を助ける」２０２１年５月31日記事
https://taroyamada.jp/?p=13956
27 立憲民主党,2021,「『子ども総合基本法案』を衆院に提出」２０２１年５月31日
https://cdp-japan.jp/news/20210531_1449
28 立憲民主党,2021,「『子ども総合基本法案』を衆院に提出」２０２１年５月31日
https://cdp-japan.jp/news/20210531_1449
29 立憲民主党,2021,「「『子育て世帯給付金』再支給法案」を衆院に提出」，立憲民主党ホームページ，２０２１

年6月3日

30　しんぶん赤旗,2021,「主張・自民「こども庁」案・組織いじりは問題のすりかえ」２０２１年４月20日
https://www.jcp.or.jp/akahata/aik21/2021-04-20/2021042002_01_1.html

31　参議院内閣委員会２０２１年５月18日議事録
しんぶん赤旗,2021,「保育士確保とは逆行・田村智子氏が『プラン』を批判」２０２１年５月20日
https://www.jcp.or.jp/akahata/aik21/2021-05-20/2021052004_07_0.html

32　参議院内閣委員会２０２１年５月18日議事録
矢田わか子議員ホームページ「内閣委員会「子ども・子育て支援法及び児童手当法一部改正法案」審議ほか」２０２１年５月20日
https://yatawaka.com/activity/2021/05/202115.html

33　高木かおり議員ブログ,2021,「子どもを育てるということ・子ども子育て支援法及び児童手当法の一部を改正する法律」２０２１年５月25日
https://ameblo.jp/takagikaori1010/entry-12676611686.html

34　参議院内閣委員会２０２１年５月18日議事録

35　ジョージ・ツェベリス著・眞柄秀子・井戸正伸監訳,2009,『拒否権プレイヤー――政治制度はいかに作動するか――』早稲田大学出版部 p.2

36　EIPP（Evidence Informed Policy and Practice）モデルは、次の拙稿において示した政策改善サイクルである。
末冨芳,2021,「教育における公正はいかにして実現可能か?――教育政策のニューノーマルの中での子ども・若者のウェルビーイングと政策改善サイクルの検討」『日本教育経営学会紀要』第63号 pp.61–65

あとがき

　ここまで本書を読み進めていただいたみなさんには、この本が「子育て罰」をなくし、親子にやさしくあたたかい日本にするために書かれたということを、ご理解いただけたと思います。

　第4章の対談で共著者の桜井啓太さんがおっしゃっていたように、この言葉を「子どもを育てることが罰なのか」と受け止められた方もおられます。しかし、本書で使う「子育て罰」は、政治や社会、そして企業が、親や子どもに課す冷たく厳しい仕打ちの総称です。親子に冷たく厳しい日本の政治や社会の責任を問い、改善するための概念です。

「子育て罰」を親子に課してきた政治は、新型コロナ禍の中で、すべての子どもたちと親を、さらに容赦なく追い詰めました。２０２０年2月27日の安倍前総理による突然の一斉休校、その中で子育てする女性にひときわ厳しかった雇止めや収入低下、複雑すぎて申請できない人も多かった賃金保障。子どもたちを総理の権力を見せつける道具にしようとした9月入学騒動。

さらに、子どもや若者が感染拡大の要因であるかのように警戒し、過剰な不安を煽ってきたマスメディアや、それに追い詰められて子どもや若者を敵視する高齢者の言動など、社会の「子育て罰」も加速しました。子どもや若者の自殺も深刻化しています。新型コロナ禍で女性の自殺者数、10代20代の自殺者数は増加し、子どもにも女性にも冷たく厳しい日本社会であることをあらためて私たちにつきつけています（厚生労働省自殺対策推進室『令和２年中における自殺の状況』２０２１）。

新型コロナ禍前から子どもの貧困対策に注力していた私ですが、パンデミックの中で容赦なく親子を追いつめる「子育て罰」を目の当たりにし、本格的に政治や社会と向き合うことになりました。

とはいえ、一研究者にすぎない私にできることは、子どもの声や実態を把握したデータを整理し国内外に発信すること、子どもに対する現金・現物給付のデータを検証し信頼する支援団体と一緒に困窮子育て世帯への支援を政治家にお願いすること、Yahoo! ニュース個人で記事を発信すること、くらいです。力が足りずに申し訳ない、悔しいという気持ちを、いまこの瞬間にも感じています。

また児童手当の特例給付廃止を糾弾したり、幼保一元化の組織論ばかりのこども庁構想を議論したり報道したりする（男性優位の）政治のありようを批判したり、子ども基本法の重要性を主張したりもしてきました。オンライン上での発信は瞬発力こそありますが、誤解されることも多く、より丁寧なコミュニケーションの手段が必要であると考えていました。

そのように課題を認識する中で、２０２１年１月に光文社新書編集部の永林あや子さんに連絡をいただき、新書の企画が立ち上がりました。

この新書には、Child Penalty を「子育て罰」という訳語にしていただいた桜井啓太さんのご参加が不可欠だと考えました。一度しかお目にかかったことのない桜井さんにお願いし、ご快諾いただいたことで、企画が発進したのです。

しかし、執筆が佳境に差し掛かった4月、こども庁の議論が持ちあがり、幼保一元化や義務教育移管などの国会や政党、省庁の議論に巻き込まれることとなりました。これにより、本書の完成が遅れることになりましたが、この重要な政局の中で研究者としての使命を果たそうともがく私を、粘り強く見守って下さった永林さんはじめ光文社新書編集部のみなさま、共著者である桜井啓太さんに、心から感謝いたします。

こうした中で、高所得層への児童手当廃止を含む法案の参議院内閣委員会参考人のオファーがあり、いまこの国を生きる子どもと親のために何をすべきか悩んだ末に、意見陳述を行うことにしました。

第5章でも、このあとがきでも、私という研究者と政治家との関係を率直に書きました。それは、日本学術会議や政府新型インフルエンザ等対策有識者会議（いわゆる専門家会議）と官邸との関係が学問の世界も揺るがす中で、学問と政治とのより良い関係について、示唆をもたらす灯になれば――という淡い願いを抱いたからです。このような研究者のありようについては、検証や批判が必要です。そのため、事実だけではなく、私自身の政治家への評価について、敬意とともに率直な記述を心がけました。

私は研究者としての理論や実証について、自らの学問の「独立」を意識しながら、忖度や妥協をすることなく政府審議会や国会参考人を務めてきました。「学問の中立」を守るだけで目の前の子どもと親を見捨てることは、私にはどうしてもできなかったのです。しかし、必ずしも全ての研究者がこうした姿勢を貫いているわけではないと確認せざるをえない場面にも出会ってきました。

参議院内閣委員会参考人として、専門外の子ども・家族対策について意見を述べるべきか、と思い悩む私に貴重なご助言をいただきました公明党・山本香苗参議院議員、自由民主党・山田太郎参議院議員に厚く御礼を申し上げます。山本議員は子どもの貧困対策を通じて、これまでも子どもと親にやさしい支援制度拡充を、与党の中核として推進してこられ、子どもや親、支援者、ときには研究者にも寄り添ってくださる「伴走型支援」を体現される議員です。こども庁についての自民党内の議論を知るために突然インタビューを申し込んだ私のような一介の研究者に対しても、真剣に、そしてあたたかく歓迎してくださり、自民党・Children First 勉強会に、子どもの貧困対策の専門家としてもお招きいただきました。

参議院内閣委員会での意見陳述にあたり、ご支援をいただきました共産党・田村智子参議院議員、立憲民主党・塩村あやか参議院議員、立憲民主党・木戸口英司参議院議員に感謝申し上げます。また、与野党の枠を超え、多くの国会議員の方の願いにも迷いにも向き合う機会をいただけたことは、この時代をともに生きる社会科学の研究者として、得難い貴重な経験でした。

参議院内閣委員会で、子ども基本法についてあたたかいご質問をいただきました公明党・

石川博崇議員、少子化対策としての有効な政策について、冷静でいて子どもや若者を思いやる姿勢からのご質問をいただいた自由民主党の徳茂雅之議員に、心から感謝申し上げます。

緊張でいっぱいの私を含む参考人が安心して意見が言えるよう、思いやりに満ちた運営をしてくださった参議院内閣委員長・森屋宏議員、私を参考人としてお認めいただいた与野党幹事のみなさまにも感謝いたします。繰り返しになりますが、与野党の超党派の応援があってこそ私は内閣委員会参考人として「子どもと家族の幸せ（ウェルビーイング）」という軸にまっすぐに立脚し、意見を申し述べられました。

「子育て罰」という言葉を用いながら、児童手当や教育の無償化の所得制限について鋭い国会質疑で子どもと親を守ろうとしてくださっている国民民主党の矢田わか子議員のご活躍からは、体調を崩して落ち込みがちだったとき、決して膝を屈してはならないという強いメッセージを受け取りました。クオリティの高い資料の本書掲載をご快諾いただいたことにも感謝申し上げます。

また、こども庁をめぐる政局の中でも、子どもを守るためのわいせつ教員排除法の成立に与野党で丁寧な議論が行われたことも、「子育て罰」をなくしていくうえでの重要な前進でした。強い決意でリーダーシップを発揮していただいた公明党・浮島智子議員のご尽力には、

「子育て罰」がなくなるこの国の未来の原動力を見る思いがしています。

この国から「子育て罰」がなくなる未来は遠くない、そう私が言えるのは、このような与野党の政治家のみなさまに接していればこそです。

子どもと親にやさしくあたたかい日本に進化させる国会議員を増やすこと、私を含む有権者の行動が変化すること。この2つの条件を私たちが満たすことができたとき、この国は再び「子ども天国」になるはずです。その日が遠くないことを、私は確信しています。

最後に、このたたかいの日々の中、「いつも苦労をかけてすまぬ」と戦国武将のようにつぶやきながら、朝となく夜となく子どもの貧困対策の活動や執筆に没頭する私を支えつづけてくれている、夫と2人の娘たちに、心からの感謝を。

2021年6月　末冨　芳

末冨芳（すえとみかおり）

1974年、山口県生まれ。京都大学教育学部卒業。同大学院教育学研究科博士課程単位取得退学。博士（学術・神戸大学大学院）。福岡教育大学准教授を経て、現在、日本大学文理学部教授。専門は教育行政学、教育財政学。内閣府子どもの貧困対策に関する有識者会議構成員、文部科学省中央教育審議会委員等を歴任。主著に『教育費の政治経済学』（勁草書房）等。

桜井啓太（さくらいけいた）

1984年、大阪府生まれ。大阪市立大学大学院創造都市研究科博士課程単位取得退学。博士（創造都市）。地方自治体職員（堺市）、名古屋市立大学准教授を経て、現在、立命館大学産業社会学部准教授。専門は貧困問題、生活保護。主著に『〈自立支援〉の社会保障を問う』（法律文化社）等。

子《こ》育《そだ》て罰《ばつ》　「親子《おやこ》に冷《つめ》たい日本《にほん》」を変《か》えるには

2021年7月30日初版1刷発行

著　者 ── 末冨芳　桜井啓太

発行者 ── 田邉浩司

装　幀 ── アラン・チャン

印刷所 ── 萩原印刷

製本所 ── ナショナル製本

発行所 ── 株式会社光文社
東京都文京区音羽1-16-6（〒112-8011）
https://www.kobunsha.com/

電　話 ── 編集部03(5395)8289　書籍販売部03(5395)8116
業務部03(5395)8125

メール ── sinsyo@kobunsha.com

ISBN 978-4-334-04551-7

1123
ドレミファソラシは虹の七色？
知られざる「共感覚」の世界
伊藤浩介

「真っ赤な嘘」は、なぜ赤色？「いろいろ」は、なぜ「色々」？音や文字に色を感じる〝共感覚〟はなぜ生じるのか。気鋭の脳科学研究者による、ヒトの認知の不思議に迫るスリリングな一冊。

978-4-334-04530-2

1124
巨人軍解体新書
ゴジキ(@godziki_55)

ファンもアンチも日本一多い球団、読売ジャイアンツの「勝利の哲学」とは。巨人軍の21世紀のスター選手たちを振り返りながら、パ・リーグへの対抗策を考える。

978-4-334-04531-9

1125
20世紀論争史
現代思想の源泉
高橋昌一郎

現代の思想を理解するためには、20世紀の偉大な知性が議論を重ねた諸問題を踏まえなくてはならない。「教授」と「助手」が時にユーモラスに対話しながら道案内を務める知の論争史。

978-4-334-04532-6

1126
運気を引き寄せるリーダー 七つの心得
危機を好機に変える力とは
田坂広志

「強運」のリーダーは、メンバーやチームにも「強運」を呼び込む。「運の強さ」は、誰でも意識的な努力で身につけることができる。先端科学に基づいた二一世紀の「新たな運気論」。

978-4-334-04533-3

1127
もしも、私が「がん」になったら。
81歳、現役医師の準備と決意
藤田紘一郎

81歳、免疫が専門の名物医師がとことん「がん」と向き合った。仕事は続ける？ 治療は受ける？ 改善すべき生活習慣は？ 発症しても慌てない、嘆かないためのがん入門書。

978-4-334-04534-0

光文社新書

1128

お笑い世代論
ドリフから霜降り明星まで

ラリー遠田

芸人の「第七世代」という言葉が一般にも広まるなか、それ以前の世代が誰なのか、どのような変遷を経て現在に至ったのかを改めて振り返る。「世代論」で読みとく戦後芸能史。

978-4-334-04535-7

1129

郵政腐敗
日本型組織の失敗学

藤田知也

郵便事業の創業から一五〇年を迎えた日本郵政グループ。従業員四〇万人を超える巨大組織の実態は、「腐敗の構造」と究極の「事なかれ主義」だ。朝日新聞のエース記者が徹底取材！

978-4-334-04536-4

1130

「倫理の問題」とは何か
メタ倫理学から考える

佐藤岳詩

それは良いことか、悪いことか。これは正義か、不正義か—。日常がゆらいだときに現れる倫理の問題に、私たちはどう向き合えばいいのか。世界の眺め方が変わるメタ倫理学入門書。

978-4-334-04538-8

1131

名画で読み解く
プロイセン王家 12の物語

中野京子

フリードリヒ大王とビスマルクという傑物を擁し、世界最強国の一角に食い込んだプロイセン。ヨーロッパの原型を作った王家の217年間の人間ドラマを名画とともに繙く。

978-4-334-04539-5

1132

幽霊消防団員
日本のアンタッチャブル

高橋祐貴

活動をしていないのに自治体から一定の公金を受け取る「幽霊消防団員」。全国に広がる不正の実態がこれまで放置されてきたのはなぜか？ 若手新聞記者が日本のタブーを斬る！

978-4-334-04540-1

光文社新書

1133

「女性向け風俗」の現場

彼女たちは何を求めているのか?

椛木寛

昼の顔は営業マン、夜の顔はあらゆるお客様に分け隔てなく接するセラピスト。性だけの繋がりゆえに彼女たちが教えてくれた、この国のジェンダーとセックスの本音。

978-4-334-04541-8

1134

理系研究者の「実験メシ」

科学の力で解決! 食にまつわる疑問

松尾佑一

太陽光でもお米は炊ける? なぜ超音波をかけるとお酒は美味しくなる? 食にまつわるふとした疑問。大学教員が自ら実験して確かめる! 食欲と知識欲を刺激する異色の食エッセイ。

978-4-334-04542-5

1135

在宅医療の真実

小豆畑丈夫

在宅医療は「より良く生きるため」の手段/初めてでもうまくいく在宅医療の受け方/家族の負担をなるべく軽く――在宅医療に関わる救急医が、込み入った全体像を丁寧に整理・解説。

978-4-334-04543-2

1136

新・人間関係のルール

辛酸なめ子

人生の問題の多くを占める人間関係。SNSの発達やパンデミックの発生によって、人間関係にも新しいルールが生まれつつある。「コミュ力不足」の著者による、クスッと笑える24話。

978-4-334-04544-9

1137

ジェンダーで見るヒットドラマ

韓国、アメリカ、欧州、日本

治部れんげ

「愛の不時着」はなぜヒットした? 「半沢直樹」がウケる日本はヤバイ!? ジェンダー視点でドラマを見れば世界のいまも見えてくる。業界随一のジャーナリストによる新ドラマ論。

978-4-334-04545-6

1143

子育て罰

「親子に冷たい日本」を変えるには

末冨芳　桜井啓太

「子育て罰」とは、社会のあらゆる場面で、まるで子育てすること自体に罰を与えるかのような政治、制度、社会慣行、人びとの意識。「子育て罰大国・日本」を変える方策とは。

978-4-334-04551-7

1144

孤独は社会問題

孤独対策先進国イギリスの取り組み

多賀幹子

世界で初めて「孤独担当大臣」を設け、EU離脱後も混乱が続く国で、いま何が起きているのか。日本が学べることは何か。イギリス社会を見続けてきたジャーナリストが現地から報告。

978-4-334-04552-4

1145

ダイエットをしたら太ります。

最新医学データが示す不都合な真実

永田利彦

「ほぼ確実にリバウンド」「BMI18・5未満の死亡率は2倍」「小太りが一番長生き」――ダイエットは百害あって一利なし。摂食障害が専門の精神科医が「やせ礼賛」文化を斬る！

978-4-334-04553-1

1146

教養としてのロック名曲ベスト100

川﨑大助

現代人の基礎教養、ロック名曲100を、これまでにない切り口で紹介・解説。著者の主観・忖度抜き、科学的な手法で得られた驚愕のランキングの1位は？　サブスク時代に最適のガイド。

978-4-334-04554-8

1147

日本のバドミントンはなぜ強くなったのか？

藤井瑞希

近年、なぜ日本のバドミントンは国際大会で目覚ましい結果を残しているのか。ロンドン五輪女子ダブルス銀メダリストの著者が自身の軌跡を振り返りながらその強さの秘密を語る。

978-4-334-04555-5